Au baron Larrey
membre de l'institut,
ancien chirurgien en chef de l'armée du Rhin,
hommage très respectueux
M. de Baillehache

SOUVENIRS INTIMES

D'UN LANCIER

DE LA

GARDE IMPÉRIALE

IL A ÉTÉ TIRÉ A PART

Dix exemplaires sur papier de Hollande, numérotés
à la presse 1 à 10

Exemplaire n° 9

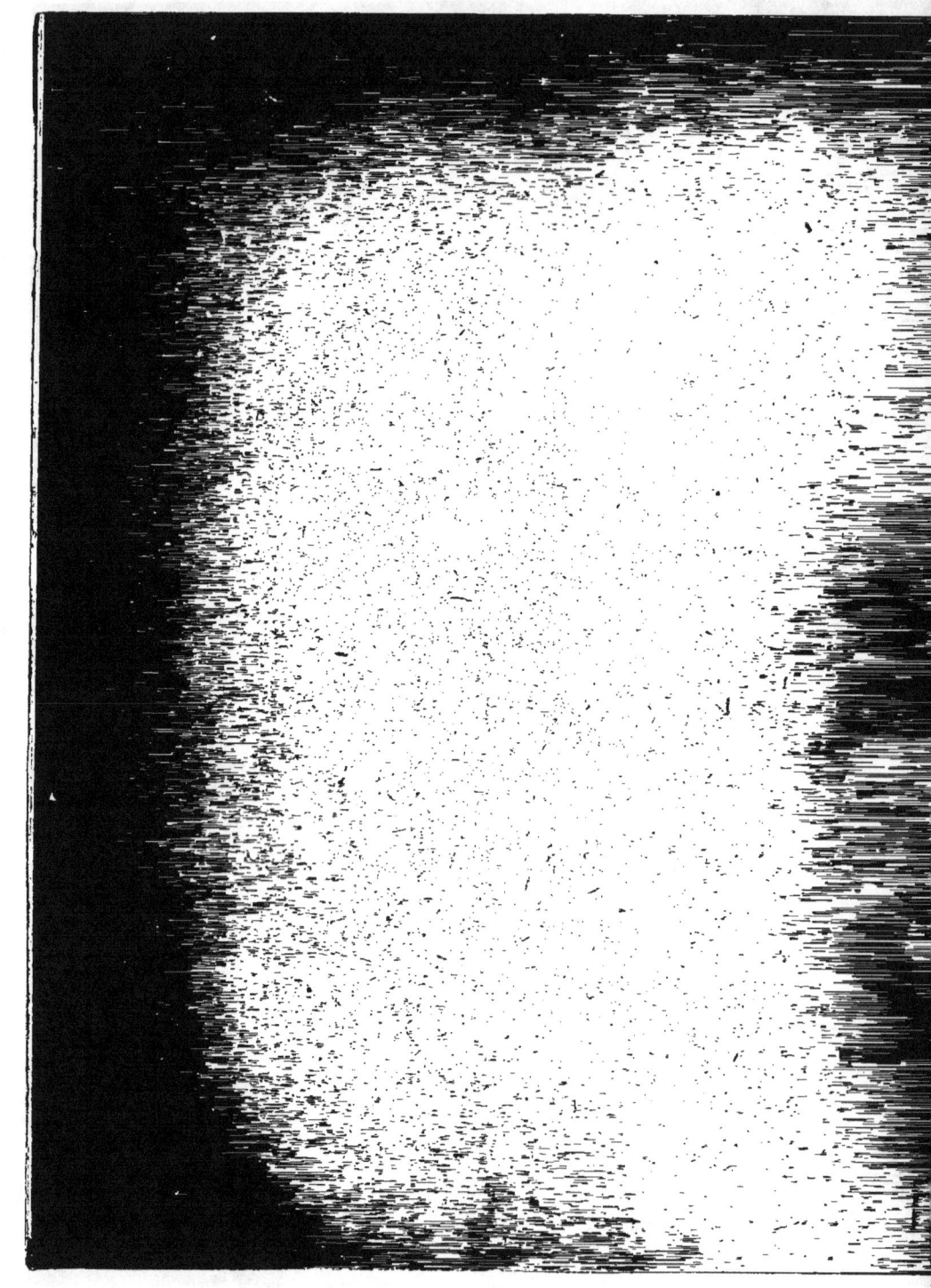

LANCIER DE LA GARDE IMPÉRIALE

MARCEL DE BAILLEHACHE

SOUVENIRS INTIMES
D'UN LANCIER
DE LA
GARDE IMPÉRIALE

PARIS

PAUL OLLENDORFF, ÉDITEUR

28 *bis*, RUE DE RICHELIEU, 28 *bis*

1894

Tous Droits réservés

AVANT-PROPOS

Je présente au lecteur mes souvenirs sous le second Empire, pendant la Guerre de 1870 et pendant la Commune.

J'ai pensé que ce modeste livre pourrait offrir quelque intérêt, c'est pourquoi je me suis décidé à le faire paraître.

Bien loin de moi la pensée de vouloir donner à ces souvenirs intimes l'importance d'une page d'histoire, je dirai simplement comme le bon La Fontaine :

« J'étais là quand telle chose advint. »

M. DE B.

SOUVENIRS INTIMES

D'UN

LANCIER DE LA GARDE IMPÉRIALE

CHAPITRE PREMIER

La révolution de 1848 et la garde nationale de Dieppe. — Une revue du Prince-Président. — Effet produit en Alsace par le coup d'État de 1851. — Coup d'œil sur ce pays. — Voyage en Allemagne. — Nous apprenons à Bade la victoire de l'Alma. — Naissance du prince Impérial (mars 1856). — Retour à Colmar d'un régiment de Crimée. — Deuxième voyage en Allemagne. — La langue française en Alsace. — Monseigneur Roess évêque de Strasbourg. — Passage à Colmar des prisonniers autrichiens en août 1859. — Voyage d'Italie. — Les champs de bataille de Solférino et de Magenta.

Je suis né le 7 février 1846, à Rouen, où mon père occupait les fonctions d'avocat général près la cour royale. Mes souvenirs touchant la révolution de 1848 sont naturellement assez vagues. Mon père, comme beaucoup de magistrats du parquet, avait été destitué au lendemain de la chute du roi. Il songea, en présence de l'agitation qui régnait à Rouen, à nous envoyer, ma mère et moi, auprès de mes grands parents à Dieppe. Nous partîmes donc en voiture.

Les troupes du général de Castellane, qui commandait à Rouen, couronnaient les hauteurs qui bordent la route, tant pour protéger, disait-on, les princesses d'Orléans fuyant la capitale que pour arrêter les bandes d'émeutiers arrivant de Maromme et de Malaunay pour incendier le pont du chemin de fer et piller la ville.

Mon père vint peu de jours après nous rejoindre à Dieppe et, dès son arrivée, se fit inscrire sur les contrôles de la garde nationale.

Le gouvernement provisoire qui trônait à Paris ne tarda pas à voir qu'il ne suffisait pas, pour être heureux, de faire une révolution et de renverser un prétendu tyran, mais qu'il fallait compter avec les revendications des socialistes et avec les partisans de ce qu'on appelait alors la république rouge.

Trois mois après le départ de Louis-Philippe, la terrible insurrection de Juin éclatait à Paris.

Mon père, qui a toujours été un homme d'ordre, fut d'avis, dès qu'on apprit les événements de Paris, qu'il n'y avait pas un instant à perdre pour aller porter secours à la capitale et aider à la répression d'une émeute qui menaçait l'ordre social. Il fit de son autorité privée battre le rappel, parvint à décider une partie de la garde nationale, et partit à sa tête pour aller combattre l'insurrection.

Je me rappelle le retour à Dieppe de ce détachement après les journées de Juin. On jetait des fleurs aux défenseurs de l'ordre, et chaque garde avait un bouquet planté dans le canon de son fusil. Ils se rendirent sur la plage, où une estrade ornée de drapeaux avait reçu la municipalité qui s'était montrée assez hostile au départ de ces braves gens.

Fidèle image des fluctuations politiques! Le maire, socialiste ardent huit jours avant, leur fit un beau discours dans lequel il prodiguait les plus chaleureux éloges à des citoyens qui avaient su quitter leurs foyers et tout ce qu'ils avaient de plus cher pour aller terrasser l'hydre de l'anarchie, etc.

Il remit ensuite à chaque garde une médaille commémorative où était gravé le nom du garde et sur le revers : *A ses concitoyens partis à Paris défendre l'ordre et les lois, la ville de Dieppe reconnaissante, juin* 1848.

Quelque temps avant le coup d'État de 1851, le gouvernement du prince-président sentit le besoin d'avoir des fonctionnaires énergiques. Mon père, qui, j'ose le dire, appartenait à cette catégorie, fut replacé dans la magistrature et nommé avocat général à Colmar.

En traversant Paris j'eus occasion, pendant le court séjour que nous y fîmes, d'assister, au Champ-de-Mars, à une grande revue passée par le prince-président. Le Champ-de-Mars à cette époque était entouré de talus qui permettaient de bien voir les solennités de tout genre. Le prince, à cheval et entouré d'un nombreux et brillant état-major, arriva par l'avenue de La Motte-Piquet. Il portait l'uniforme de général de la garde nationale : pantalon bleu à bandes d'argent, épaulettes et broderies également en argent, et son chapeau était surmonté d'une aigrette blanche, semblable à celle des colonels et sortant de plumes tricolores retombantes. Il était très acclamé, et il est bon de rappeler qu'on était en juin 1851, par conséquent, six mois avant le coup d'État.

Quelques jours après cette revue nous arrivions à Colmar. La maison que nous y habitâmes pendant quatorze ans avait été jadis la poste royale et le roi Louis XV y avait déjeuné dans un voyage en Alsace.

Sur le cintre de pierre de l'ancienne porte cochère était sculpté l'écusson de France et au-dessous ces mots :

La Poste sauvegarde du Roy, 1750.

Les événements politiques de 1851 n'eurent pas en Alsace de contre-coup sérieux. Tout ce que je me rappelle, c'est qu'en me promenant le soir avec mon père sur les anciens remparts de la ville, quelques jours avant le 2 décembre, il me fit remarquer des feux qui s'allumaient sur les montagnes et qui devaient être, disait-on, des signaux qu'échangeaient entre eux les insurgés.

A cela se borna à peu près l'agitation dans le Haut-Rhin, si toutefois ces feux avaient la signification qu'on leur attribuait.

Le coup d'État du 2 décembre ! A-t-il été assez reproché plus tard à son auteur, même par ceux qui, le lendemain, lui donnèrent leurs voix avec bonheur !

Nous nous apercevons que nous n'avons pas encore parlé de cette belle Alsace doublement chère à nos cœurs depuis qu'elle est devenue la proie du vainqueur.

Quelle superbe province et combien la séparation en semble plus cruelle à ceux qui, comme nous, y ont passé les belles années de la jeunesse.

Lorsque, dans nos excursions, nous étions transportés sur les sommets des Vosges, couronnées de distance en distance par les ruines des vieux burgs du moyen âge, quel panorama admirable il nous était donné de contempler! Une plaine d'une fertilité incomparable, parsemée de bois, de vignes et de coquets villages, et, à l'horizon, la longue ligne argentée du vieux Rhin (*der Vater Rhein*) coulant au pied des montagnes de la Forêt-Noire.

Par les temps clairs, la vue s'étendait jusqu'aux glaciers de l'Oberland et on apercevait au nord la flèche de la cathédrale de Strasbourg élevant hardiment vers le ciel sa délicate dentelle de pierre. Quel beau spectacle! Comme il élevait l'âme et on comprenait que cette terre, vraiment bénie de Dieu, avait dû depuis des siècles exciter successivement les convoitises du Franc et du Germain.

Pendant les vacances de 1854 mes parents m'emmenèrent avec eux en Allemagne. Indépendamment de ce que les voyages forment, dit-on, la jeunesse, mon père voulait me perfectionner dans la langue allemande que je commençais à parler. Dire qu'il a fallu la guerre de 1870 pour faire comprendre la nécessité d'apprendre aux enfants la dure langue de nos voisins !

Nous visitâmes Berlin, Leipsick et Dresde, et nous rentrâmes en France par Bade. A Berlin nous logeâmes sur le fameux boulevard *Unter den Linden*, à deux pas de la statue du grand Frederich et du palais du roi. La garde montante se rendant au château, précédée de son excellente musique, attirait toute mon attention : « Comme ils sont bien habillés, disais-je, et comme ils font bien l'exercice. » Nous visitâmes le Thiergarten et le château de Charlottenbourg où se trouve, dans le parc, le tombeau de la reine Louise, la mère de l'empereur Guillaume Ier, cette belle reine de Prusse qui fuyait à cheval à Iéna devant les hussards de Napoléon et qui plus tard, à Tilsitt, malgré toute la puissance de séduction dont la nature et l'éducation l'avaient douée, ne put rien changer aux résolutions du vainqueur.

Nous vîmes aussi Potsdam et Sans-Souci, si pleins des souvenirs du grand Frederich.

A Dresde le pont sur l'Elbe, long de plus de 200 mètres et aboutissant à la place de la cathédrale, faisait penser à la bataille livrée le 26 août 1813.

Ce fameux pont, Napoléon le traversait ce jour-là au galop à dix heures du matin, suivi des cuirassiers de Latour-Maubourg.

La mémorable bataille de Dresde commençait,

et la Fortune allait accorder un dernier sourire au favori qui avait si longtemps abusé d'elle.

En visitant le palais du roi de Saxe, on pensait à l'affluence de têtes couronnées qui s'y étaient trouvées réunies en mai 1812 lorsque, avant de pénétrer en Russie, Napoléon y avait tenu *un salon de rois*. Combien la vue de ces appartements nous intéressait et qu'on était fier d'être Français en voyageant à l'étranger à cette époque !

En visitant le champ de bataille de Dresde, nous vîmes le monument élevé sur l'emplacement où Moreau, traître à son pays, fut atteint mortellement par un boulet parti d'une des batteries de la Garde, que l'Empereur avait fait pointer sur le groupe doré que formait l'état-major d'Alexandre. Ce monument entouré de quatre peupliers est très simple. Il consiste en un bloc de granit surmonté d'un casque et d'un glaive romain avec une inscription commémorative.

Notre dernière étape avant de rentrer en France était Bade. Bade si abandonné depuis 1871 !

C'était alors le rendez-vous de toutes les élégances de Paris et de l'Europe. On y coudoyait à chaque pas des Altesses, quand ce n'étaient pas des têtes couronnées.

Ajoutez à cela un site enchanteur, des promenades ravissantes : le vieux château, l'allée de Lichtenthal et son couvent, Eberstein et la Favorite.

De plus, le salon de conversation, la salle des jeux, le théâtre du casino où l'on entendait les meilleurs chanteurs de Paris, où l'on jouait les plus jolies pièces du répertoire ; et enfin l'excellente musique autrichienne venant de Rastadt se faire entendre deux fois par semaine au kiosque.

Arrivés à Bade en septembre, nous y apprenions par le télégraphe la victoire de l'Alma remportée le 20 de ce mois sur les Russes par le maréchal de Saint-Arnaud.

Je vois encore la joie de mon père et la façon enthousiaste dont il s'entretenait de cet événement avec ses voisins de table d'hôte, lorsque par hasard ils parlaient français.

Il appartenait à cette génération qui, bien que née au bruit du canon de Wagram, avait assisté aux désastres qui marquèrent la chute du premier Empire. Mon père se rappelait qu'en 1815, au château de Chevilly, près Paris, appartenant à un de ses oncles, il avait été obligé de porter des fruits aux Cosaques du grand-duc Constantin qui s'y trouvait logé. Il avait conservé très vive la haine de l'étranger et l'extrême désir de voir laver l'affront infligé à la France par les deux invasions.

Cette première victoire du second Empire annoncée si brillamment par le rapport de Saint-Arnaud à l'Empereur et qui commençait ainsi : « Sire, le canon de Votre Majesté a parlé. L'armée russe, forte de plus de 40 000 hommes, occupait les hauteurs de l'Alma, etc. » lui causa un bonheur difficile à exprimer.

Il fut admirable ce jour-là, ce brave Saint-Arnaud que les conseillers municipaux de Paris ont voulu flétrir en débaptisant la rue qui portait son nom. Qu'ils sachent donc, s'ils l'ignorent, que ce maréchal de France, souffrant déjà du mal qui devait l'entraîner au tombeau quelques jours après son triomphe, se faisait, le jour de l'Alma, soutenir à cheval par deux cavaliers lorsqu'il craignait de faiblir au plus fort de la bataille.

Au lendemain du règne de *la paix à tout prix* que Louis-Philippe avait imposé au pays et surtout après les journées de Juin qui avaient menacé la société dans ses principes fondamentaux, la France reprenait possession d'elle-même. Elle se sentait protégée à l'intérieur par un gouvernement autoritaire et respectée au dehors après ce premier triomphe de son drapeau.

Le 16 mars 1856 tout le monde avait l'oreille tendue lorsque le premier coup de canon annonça la délivrance de l'Impératrice. Serait-ce un garçon? Serait-ce une fille? 21 coups de canon devaient annoncer la naissance d'une princesse et 101 celle d'un prince.

Au 21ᵉ coup l'anxiété était grande mais au 22ᵉ la joie la plus vive se manifesta. Dieu protégeait encore la France et l'heure des grandes catastrophes n'avait pas encore sonné.

Avec quel empressement on sortait de sa gaine le drapeau surmonté de l'aigle impériale pour l'accrocher à la fenêtre, et comme je courais avec le domestique acheter des lampions pour l'illumination du soir. Ce vieux lampion d'autrefois !

Il consistait en une petite soucoupe en terre contenant de la graisse et une mèche. Il fallait un temps infini pour l'allumer, il s'éteignait facilement et sentait bien mauvais.

La guerre de Crimée venait de finir.

Sébastopol était enfin tombé après un long et mémorable siège de deux ans.

Nos troupes revenaient couvertes de gloire et faisaient, à Paris, une rentrée triomphale.

L'armée, que l'Empereur était allé recevoir à la place de la Bastille, entra dans l'intérieur de la ville sous des arcs de triomphe, aux acclamations d'une foule ivre de joie et d'orgueil.

Napoléon III s'était placé pour le défilé devant

le ministère de la justice, place Vendôme, ayant en face de lui au pied de la colonne d'Austerlitz les vétérans du premier Empire, dont la plupart avaient revêtu leurs anciens uniformes. Lorsque l'armée d'Orient passa devant ces vieux débris, ils attestèrent par leurs acclamations que leurs petits-fils n'avaient pas dégénéré.

A Colmar, où vint tenir garnison le 97ᵉ de ligne, les choses se passèrent plus simplement, mais n'en restèrent pas moins gravées dans mon souvenir.

J'étais allé avec mes parents chez des amis dont la maison se trouvait sur le passage de nos vaillants soldats.

Que c'était beau et à la fois triste de voir revenir ce régiment réduit à un bataillon! Les hommes portaient sur leurs figures hâlées l'empreinte des souffrances éprouvées, mais leur œil était fier et leur allure bien martiale. Leurs longues capotes effiloquées faisaient penser aux vers de Béranger :

> De quel éclat brillaient dans la bataille
> Ces habits bleus par la victoire usés !

Le drapeau à la soie déchirée et noire de poudre disparaissait sous les couronnes de fleurs, tous les hommes avaient des bouquets à leurs fusils, et la musique, composée à peine d'une quinzaine d'exécutants, jouait tant bien que mal un pas redoublé.

Je le répète, c'était beau et en même temps triste. Je leur jetai les fleurs que j'avais apportées et nous rentrâmes chez nous tout émus.

En 1857 mon père fut fait chevalier de la Légion d'honneur, et j'assistai avec mon frère à la remise de la croix qui lui fut faite, selon l'usage, par le premier président, toutes chambres assemblées.

Mon père était déjà ancien de service lorsqu'il fut décoré, car il était entré en 1832 dans la magistrature. Je ne l'avais cependant jamais entendu se plaindre de n'avoir pas encore reçu cette distinction qu'on accorde si facilement de nos jours, sous prétexte de *services exceptionnels*.

En septembre 1857 j'accompagnai mon père dans un second voyage en Allemagne. Nous gagnâmes Münich par Bâle, Schaffausen et le lac de Constance. Nous avions descendu, en bateau à vapeur, le Rhin jusqu'à cette dernière ville. Avant d'arriver à Ermatigen, on aperçoit à flanc de coteau et au milieu de beaux arbres le château d'Arenenberg, l'ancienne habitation de la reine Hortense et de l'Empereur lorsqu'il n'était encore que le prince Louis. En contemplant cette habitation d'une physionomie toute mélancolique, les vers que Mlle Delphine Gay adressait en 1828 à la reine exilée revenaient en mémoire :

> Elle ne vient sur ces bords
> Réclamer un riche partage,
> Des souvenirs sont ses trésors
> Et la gloire son héritage.

Ce n'est pas sans une certaine émotion que nous vîmes disparaître, en doublant une petite presqu'île, les arbres du parc et le château d'Arenenberg.

Après avoir traversé le lac de Constance, nous arrivions à Lindau et nous couchions le soir même à München.

Les Bavarois sont très fiers de leur capitale qu'ils appellent pompeusement l'Athènes de l'Allemagne. Le style de beaucoup de ses monuments semble devoir expliquer cette dénomination, mais ce qui manquera toujours à München c'est le soleil et le ciel de la Grèce.

En dehors de la ville s'élève la statue colossale de *la Bavaria*, plus curieuse que vraiment belle.

Le matin du jour où nous allâmes la visiter, nous avions assisté au camp à une messe en plein air. Le coup d'œil était magnifique, l'uniforme bleu de ciel des soldats bavarois tranchant sur l'herbe verte. Le roi Maximilien II, entouré d'un nombreux état-major, assistait à la cérémonie. Le temps était superbe et lorsque, au moment de l'élévation, le canon tonna, que les tambours battirent et que la troupe mit le genou à terre, nous nous sentîmes remués jusqu'au fond du cœur.

Hélas! la France, reniant son passé, a supprimé tout cela, et ses soldats ne franchissent plus le seuil de l'église. C'est bien triste et peu digne de notre pays.

(En janvier 1883, étant capitaine au 11ᵉ chasseurs à cheval, j'ai été le dernier qui ait eu l'honneur de commander un escadron dans l'église de Saint-Germain-en-Laye pour les prières publiques, supprimées, du reste, peu après.)

A Münich, le château du roi et surtout la vieille résidence méritent d'être visités. N'oublions pas au château royal *la salle* dite *des beautés*, dans laquelle on a placé, par ordre du roi Louis, l'ancien protecteur de Lola Montes, qu'il fit comtesse de Lansfeld, une trentaine de portraits des plus charmantes femmes de tous les pays. Comme dans la chanson de Marlborough, il y en a des brunes, des blondes et des châtaines aussi. On sait que le roi Louis était grand admirateur du beau sexe.

Nuremberg, vieille ville moyen âge, nous intéressa beaucoup. Nous y vîmes arriver à huit heures du soir le roi Maximilien II. Sur le parcours de Sa Majesté les maisons, avec leurs vieux pignons, étaient illuminées. La voiture royale, escortée de *chevau-légers* portant des torches et traversant au trot ces antiques rues, présentait un spectacle d'un autre âge et vraiment féerique.

De Nuremberg, nous nous rendîmes à Wurtzbourg et à Francfort en passant par Hanau.

Hanau! Ce fut la dernière victoire de l'Empereur au delà du Rhin. Les dispositions prises à cette bataille par le général bavarois de Wrede arrachèrent cette exclamation à Napoléon : « Ce pauvre de Wrede, j'ai pu le faire comte, mais je n'ai pu le faire général! » et il passa sur le ventre des Austro-Bavarois en leur tuant dix mille hommes (30 octobre 1813).

A Stuttgart, le palais du roi nous parut très beau et nous y visitâmes les appartements que l'on préparait pour l'entrevue de Napoléon III et d'Alexandre II.

L'entrevue de Stuttgart! Ce fut l'apogée du second Empire. Il y avait quarante-neuf ans que Napoléon Ier et Alexandre Ier s'étaient rencontrés à Erfurt. Comme à cette époque les deux souverains pouvaient se partager l'Europe. La suite des événements a prouvé qu'ils ne l'ont pas voulu.

En 1857, j'étais entré au lycée impérial. Ancien couvent de jésuites, c'était un superbe établissement sain et bien situé en face des Vosges.

A propos d'enseignement et d'Alsace, je veux dire un mot du peu de progrès que la langue française avait faits dans cette province depuis la conquête. La langue est en effet le signe de la race et tous les efforts des gouvernements qui se sont succédé en France depuis 1648 auraient dû tendre à extirper par tous les moyens possibles cette langue allemande mal prononcée, il est vrai, en Alsace, ce qui lui donne l'aspect d'un patois! Cependant, en captivité en 1870, tous les soldats Alsaciens servaient d'interprètes à leurs camarades de l'intérieur.

Nous sommes arrivés à Colmar en 1851, *deux cent trois ans* après l'annexion. Eh bien! il était souvent difficile de se faire comprendre même dans les magasins importants. Quant aux gens du peuple, ils ne parlaient pas un mot de français.

Les affiches de la préfecture ou de la mairie étaient rédigées dans les deux langues. L'ignorance de la langue française n'empêchait pas de faire partie du jury et la nécessité d'avoir un interprète prolongeait énormément les débats. Dans la montagne, tous les poteaux indicateurs étaient en allemand.

Les curés prêchaient en allemand dans les villages. Dans les villes le français leur était imposé, mais l'accent de ces dignes prêtres était si déplorable qu'un sermon devenait incompréhensible pour la grande majorité des assistants.

Mgr André Rœss, mort en 1888 à quatre-vingt-quinze ans, était évêque de Strasbourg. Il vint à Colmar pour la confirmation que j'eus l'honneur de recevoir de sa main. A cette cérémonie l'évêque nous fit un long sermon en allemand, donnant ainsi *ex cathedra* un exemple regrettable à un clergé trop enclin à le suivre.

Ce prélat ne parlait presque jamais français et de plus il était très hostile à la propagation de notre langue dans son diocèse. J'en veux pour preuve la conversation qu'il eut avec mon père qui faisait partie de ce qu'on appelait la *délégation cantonale* chargée d'inspecter les écoles :

— Monseigneur, dit un jour mon père à l'évêque de Strasbourg, je suis désolé de constater le peu de progrès que le français a fait dans nos écoles.

— Ah ! voyez-*fous*, *mossié* l'avocat *chénéral*,

dit l'évêque avec son accent alsacien, le *français il est* la langue de Voltaire.

— C'est possible, lui répondit mon père, mais c'est aussi la langue de Bossuet.

— Oui, répliqua monseigneur de Strasbourg, *mais si y savent* le français, *y liront* Voltaire et *y liront* pas Bossuet.

Mon pauvre père se retira sans rien ajouter, car il aurait perdu son temps à lutter contre le germanisme et l'entêtement de Sa Grandeur.

Mgr Rœss, après 1870, siégea au Reichstag fort loin du banc des protestataires justement indignés de la violence faite à leur pays.

L'évêque avait une maison de campagne à Sigolsheim, près Colmar. J'allais quelquefois lui faire visite avec mes parents. Dans cette propriété il cultivait la vigne et le calembour. Comme on vantait la bonté de son vin : « Oui, disait-il, il est assez bon pour du vin mexicain, car c'est du Juarez (du jus à Rœss). »

Il n'en commettait pas seulement en Alsace. Étant un jour reçu aux Tuileries après la messe, l'impératrice Eugénie vint à lui dire qu'il devrait faire des quêtes pour élever une seconde tour à sa cathédrale : « *Matâme*, lui répondit-il, les *efêques y sont pas les faiseurs de tours*. »

J'en passe et des meilleurs.

Mon père adressait, lorsqu'il faisait l'intérim du procureur général, des rapports au maréchal Canrobert, commandant alors à Nancy, dans lesquels il signalait ce fâcheux état de choses. Ces rapports n'étaient certainement pas lus. On fermait les yeux systématiquement aussi bien à Nancy qu'à Paris, et cela depuis Louis XIV.

Nous assistons depuis plus de vingt ans à une tout autre manière de procéder et, à part les vexations inutiles dont ils accablent le pays conquis, on ne peut s'empêcher de trouver que les Allemands sont dans le vrai.

Je ne vois pas bien l'évêque actuel de Strasbourg venant faire un sermon en français dans la cathédrale de Colmar. Il y a gros à parier qu'il n'en ferait pas un second. Nous étions plus indulgents pour Mgr André Rœss.

Il faut dire que depuis la conquête, les enfants alsaciens, pour faire enrager les vainqueurs, peut-être par esprit de contradiction, leur chantent sous le nez des refrains français qu'ils ont probablement appris avec beaucoup de peine.

Espérons que cette belle province d'Alsace nous reviendra un jour et mon vœu le plus cher est de voir avant de mourir le drapeau tricolore déployer de nouveau ses nobles plis sur les hauts sommets de ses montagnes !

Le 15 janvier 1858, nous apprîmes à Colmar l'attentat Orsini. Un peloton du régiment dans lequel je devais m'engager six ans plus tard, les lanciers de la garde, escortait le soir du 14 la voiture où se trouvaient l'Empereur et l'Impératrice se rendant à l'Opéra. Plusieurs cavaliers furent atteints par les bombes des régicides et elles frappèrent également bon nombre de personnes qui se pressaient aux abords du théâtre pour saluer les souverains.

Ces derniers furent miraculeusement préservés. Cet attentat, qui rappelait par son horreur celui de la rue Saint-Nicaise et la machine de Fieschi, souleva en France et en Europe une indignation bien naturelle.

J'assistais dans l'église au *Te Deum* qui fut chanté à cette occasion et mon émotion fut vive lorsqu'on entonna le *Domine salvum fac imperatorem*.

On ne peut nier que l'action criminelle d'Orsini et de ses complices n'ait eu sur les événements de 1859 une influence réelle, mais l'attitude et l'agression de l'Autriche achevèrent de décider Napoléon III à voler au secours de son allié le roi de Sardaigne.

Je me souviens de l'enthousiasme qui accueillit la belle proclamation datée de Gênes que l'Empereur adressait à l'armée d'Italie :

« Je n'ai pas besoin de stimuler votre ardeur, disait-il à ses soldats, chaque étape vous rappellera une victoire.

« Dans la voie Sacrée de l'ancienne Rome les inscriptions se pressaient sur le marbre pour rappeler au peuple ses hauts faits; de même aujourd'hui, en passant par Mondovi, Marengo, Lodi, Castiglione, Arcole, Rivoli, vous marcherez dans une autre voie sacrée au milieu de ces glorieux souvenirs... »

Depuis Napoléon Ier, les soldats français n'avaient pas entendu un plus noble langage.

Comme l'avait prédit la proclamation de l'Empereur, chaque étape de cette courte et brillante campagne fut marquée par un succès de nos armes : Montebello le 20 mai, Palestro le 31 mai, Magenta le 4 juin, Melegnano le 10 juin et enfin Solférino le 24 juin, suivie peu de jours après de la paix de Villafranca.

Toutes ces victoires remportées en si peu de temps étaient accueillies dans toute la France par les plus vives démonstrations de patriotisme et elles soulevaient le même enthousiasme dans le plus modeste hameau et au sein de la capitale.

Comme on était heureux, comme on était fier! Au lycée, pendant les classes, notre esprit était bien loin du *De viris* ou du *Conciones*; les *Racines grecques* même manquaient de charme. Soudain le canon retentissait, les cloches se mettaient à sonner et, lorsque nous sortions du lycée, nous apercevions des drapeaux à toutes les fenêtres. Alors nous courions à la préfecture où la foule se bousculait pour lire les dépêches. C'était encore une victoire! et les cris de : « Vive l'Empereur! » se confondaient avec ceux de : « Vive la France! vive l'Italie! vive l'armée! »

Pour nous lycéens, nous avions, à chaque bataille, gagné un ou deux jours de congé. Les *Te Deum* succédaient aux *Te Deum* et les illuminations aux feux d'artifice.

Je sais qu'on est toujours tenté de trouver mieux ce qui se faisait autrefois, mais véritablement il y avait plus d'enthousiasme dans les manifestations populaires sous l'Empire qu'aux fêtes actuelles. Ceci s'explique facilement parce que l'opposition n'existait pas plus à la Chambre que dans le pays. On peut le dire hautement, jamais gouvernement ne fut moins discuté que le second Empire, on l'acclamait sincèrement le jour du 15 août, et la cantate, dont je me rappelle le refrain et que nous apprenions à chanter au lycée à cette occasion, était bien alors l'expression du sentiment public.

Voici le refrain de cette cantate dont Gounod avait fait la musique :

> Vive l'Empereur! (*bis*)
> C'est l'élu de la France,
> Il fut son sauveur,
> Il est son espérance.
> Le cri de France (*bis*)
> Est vive l'Empereur!
> Vive, vive l'Empereur!

A la fin d'août 1859, des détachements du 6ᵉ d'artillerie-pontonniers, revenant d'Italie, passèrent à Colmar. Ils retournaient tenir garnison à Strasbourg. Je courus au *petit terrain* devant le quartier de cavalerie, où leurs équipages de pont étaient parqués et leurs chevaux à la corde. Il m'était donné d'examiner de près, pour la première fois, des hommes et des chevaux venant de faire campagne. Eh bien! mon impression fut celle-ci : « Mon Dieu, si les vainqueurs sont dans cet état, comment sont donc les vaincus! » Des chevaux tellement maigres que les os perçaient la peau, des hommes épuisés, hâlés, les vêtements sales et raccommodés tant bien que mal. Les armes seules brillaient, faisant contraste par leur propreté avec le reste de l'équipement.

Après les pontonniers, ce fut le tour des prisonniers autrichiens qui regagnaient leur pays par le grand-duché de Bade et la Bavière. Plusieurs convois de ces malheureux passèrent à la gare de Colmar et parmi eux de nombreux blessés.

Toute la société de la ville s'était portée sur leur passage et munie de tabac, d'argent et de friandises avait envahi le quai du chemin de fer. La corporation des vignerons avait apporté des hottes de vin blanc. Chaque convoi de prisonniers était de mille à quinze cents hommes. La plupart de ces Autrichiens étaient très jeunes et beaucoup portaient, avec une certaine élégance, la tunique blanche, la culotte collante bleu de ciel, et la petite bottine hongroise. J'adressai la parole en allemand à plusieurs d'entre eux. Ils paraissaient enchantés de la façon dont ils avaient été traités en France, et surtout de la fin des hostilités qui leur permettait de retourner dans leur pays. Je ne me doutais pas alors que douze ans plus tard je passerais par les mêmes émotions; c'est-à-dire bonheur de fouler de nouveau le sol de la patrie, après avoir ressenti en Allemagne toute l'amertume de la captivité.

Un de nos cousins, alors capitaine au 7ᵉ chasseurs à pied en garnison à Strasbourg, me racontait qu'il fut désigné avec sa compagnie pour conduire à Kehl le dernier convoi de prisonniers, pour les remettre entre les mains des autorités allemandes.

Kehl et son pont de bateaux sur le Rhin! Que de fois je l'ai traversé lorsque nous revenions de nos voyages d'Allemagne. Le chemin de fer s'arrêtait à Kehl, et on prenait une diligence qui vous conduisait à Strasbourg. Le Rhin était majestueux à cet endroit et roulait lentement ses eaux vertes. Quel beau fleuve! Il m'a toujours plus impressionné que les autres fleuves de France. La voiture s'engageait lentement sur le pont de bateaux qui remuait, et l'on se penchait aux portières pour apercevoir la flèche de la cathédrale se détachant à l'horizon. Tout à coup la vue s'arrêtait sur deux soldats en faction au milieu du pont et se touchant presque. Cependant ces deux hommes ne se parlaient ni ne quittaient le poteau près duquel chacun avait été placé; ils se contentaient de se regarder fièrement. Le premier poteau, rayé de rouge et de jaune, supportait les armes de Bade, et son factionnaire, coiffé du casque à pointe, indiquait qu'à cet endroit du vieux fleuve finissait l'Allemagne. L'autre poteau était gardé par le second soldat. En apercevant, surtout après un long voyage, son pantalon rouge, sa capote grise et son shako à la visière crânement relevée, vous étiez ému, et le battement plus vif de votre cœur vous avertissait qu'à ce moment vous entriez en France.

Quand nous sera-t-il donné de le revoir, ce brave petit *pioupiou* montant la garde au milieu du pont du Rhin !

Mais je vois que je m'écarte un peu des chasseurs du 7° bataillon, venus pour conduire à Kehl les prisonniers autrichiens.

Les officiers badois et autrichiens avaient invité à déjeuner mon cousin, son lieutenant et son sous-lieutenant. Pendant ce temps, les chasseurs avaient formé les faisceaux, et des rafraîchissements leur avaient été apportés par les soldats du grand-duc et par les habitants. Après le repas, les officiers étrangers demandèrent aux nôtres de vouloir bien faire exécuter l'escrime à la baïonnette à leurs hommes. Il était difficile de ne pas acquiescer à cette demande. Un appel de clairon retentit, les chasseurs rompent les faisceaux, et, à la voix de leurs sous-officiers, exécutent, avec un entrain et un brio incroyable, cette escrime à la baïonnette qui a toujours été l'honneur de ce corps d'élite.

Les Badois, les Autrichiens et la population étaient émerveillés ; mais voilà le bouquet : à un signal donné, une vingtaine de chasseurs déposent vivement leurs carabines et leur fourniment, et, s'aidant des pieds et des mains, s'accrochant aux tuyaux des gouttières, aux volets et aux saillies de pierres, se trouvent en un clin d'œil sur le toit de l'auberge où leurs officiers avaient reçu une si cordiale hospitalité.

L'ahurissement des spectateurs était complet, et ce fut au milieu de bravos enthousiastes que les nôtres prirent congé des Allemands pour regagner la rive française.

Au mois de septembre 1861, mon père nous emmena, mon frère et moi, visiter l'Italie septentrionale. Nous devions entrer en Italie par le Saint-Gothard.

Arrivés à Lucerne et après avoir arpenté le *pont couvert* et admiré le magnifique panorama offert par le lac et le mont Pilate, nous allâmes voir le lion dit de Lucerne, élevé à la mémoire des officiers et des soldats suisses de la garde de Louis XVI, tués au 10 août 1792.

Cette œuvre magnifique du sculpteur Thorwaldsen est placée dans une paroi de rocher, au bord d'une pièce d'eau. Au-dessous du lion sont gravés les noms des officiers et des soldats morts pour le roi, avec cette inscription :

Helvetiorum fidei ac virtuti.

En face du monument se trouve un musée où

ont été recueillis des armes et des uniformes de ces martyrs de la *fidélité* dont on parle rarement et qui sont cependant aussi intéressants que les martyrs de la *liberté* dont on parle sans cesse.

Un vieillard portant l'uniforme rouge à revers blancs des régiments suisses était préposé à la garde de ces reliques. Il donnait, sur la journée qui précipita le roi de son trône, si tant est que Louis XVI eût encore un trône à ce moment; il donnait, disons-nous, les détails les plus précis en ajoutant qu'il était un des derniers survivants du drame. Il devait donc avoir bien près de quatre-vingt-neuf ans.

Ce Suisse vendait des fac-similés de l'ordre que le malheureux monarque remit à l'Assemblée au capitaine de Dürler, pour arrêter le combat que livraient au peuple des faubourgs les derniers défenseurs de la monarchie. J'en achetai un que j'ai gardé. Il est conçu en ces termes et d'une écriture bien tremblée :

Le Roi ordonne aux Suisses de déposer à l'instant leurs armes et de se retirer dans leurs casernes.

Louis.

Mon grand-père paternel, mort en 1848, faisait partie, le 10 août 1792, du bataillon des

Filles-Saint-Thomas, le seul de toute la garde nationale sur lequel le roi pût compter. Il combattit aux Tuileries à côté des Suisses et échappa miraculeusement au massacre qui suivit le fâcheux ordre du roi de cesser le feu.

Le chemin de fer du Saint-Gothard n'existait pas alors, et le passage s'effectuait en voiture. C'était moins rapide, mais on avait tout le temps d'admirer le superbe paysage, Bellinzona, Lugano, Côme et son lac !

Quels charmants souvenirs de voyage !

Milan et sa cathédrale nous intéressèrent beaucoup. Au Palais-Royal le cicerone attirait l'attention sur la chambre dans laquelle Napoléon III et Victor-Emmanuel avaient couché le jour de leur entrée à Milan après la bataille de Magenta. (juin 1859).

Nous nous rendîmes de Milan à Venise.

A cette époque les Autrichiens occupaient encore la Vénétie.

Toute notre préoccupation pendant la route était pour le champ de bataille de Solférino. A la station de Dezenzano nous pûmes l'apercevoir dans son entier. La fameuse tour et ses cyprès dominaient les alentours, le lac de Garde se trouvait à notre gauche et il était facile de reconstituer par la pensée la position des deux armées et de comprendre assez vite les mouvements des troupes et les résultats obtenus. Comme nous nous éloignions du champ de bataille, le soleil se couchait et une teinte rouge éclairait tristement le lac de Garde et la plaine où tant de braves dorment leur dernier sommeil.

A onze heures du soir nous arrivons à Venise et nous montons en gondole pour nous rendre à notre hôtel.

Je conseillerai toujours aux touristes avides d'impressions de choisir la nuit pour faire leur entrée dans cette ville vraiment extraordinaire.

Je ne décrirai ni Saint-Marc, ni le palais des Doges, ni le pont des Soupirs, ni le Grand Canal et ses gondoliers. Ces récits ont été faits très souvent et par des plumes plus autorisées. Je dirai simplement que Venise est une ville unique et qu'on n'oublie jamais. A l'époque où nous la visitions, on sentait combien la présence des Autrichiens pesait, au moins à une partie de la population. Notre guide, vieux bonhomme de 75 ans et Français d'origine, nous assurait que si les Vénitiens avaient des armes, les Autrichiens ne resteraient pas vingt-quatre heures chez eux. Cependant, ce qui prouvait que la haine de l'étranger était peut-être moins générale, c'est un de nos gondoliers regardant avec mépris l'effigie du roi d'Italie sur la pièce de monnaie que je lui remettais, en disant : « Ah! c'est ce *cochon* d'Emmanuel! » Il devenait difficile de se former une opinion.

De Venise nous nous rendions à Padoue et à Vérone. La garnison de cette dernière ville, place forte de premier ordre, était très nombreuse. On marchait littéralement dans les rues sur les soldats de François-Joseph. La tenue de l'armée autrichienne est admirable. La tunique blanche et le pantalon bleu de ciel produisent en masse le plus bel effet[1].

Dans notre hôtel logeait le général inspecteur Benedeck, qui devait en 1866 perdre contre les Prussiens la bataille de Sadowa.

Au moment de monter en voiture, un sommellier me fit présent d'un boulet français de quatre qu'il avait ramassé sur le champ de bataille de Solférino. C'était bien un peu lourd, mais je l'acceptai avec plaisir.

Nous ne fîmes que toucher barre à Milan et le chemin de fer nous entraîna vers Gênes. Ce ne fut pas sans émotion que j'entendis appeler la station de Magenta où le train s'arrêtait quelques

1. Après Sadowa les Autrichiens ont abandonné la tunique blanche; c'est plus pratique, mais ils ont perdu leur cachet national.

minutes. A droite en venant de Milan et presque contre la voie, on apercevait un immense tumulus surmonté de trois croix de bois. Sous cette terre reposent les Autrichiens et les alliés tués à la bataille. Espérons qu'on a élevé depuis à ces braves un monument plus digne d'eux.

De l'autre côté de la voie et en face de cette énorme fosse, on nous fait remarquer deux maisons. La première, qui est une auberge, porte de nombreuses traces de balles; la seconde, peinte en vert, n'a qu'un étage avec six croisées de face, elle est criblée comme sa voisine, mais, de plus, quatre boulets sont restés incrustés dans ses murs.

C'est devant cette maison qu'ont été tués le général Espinasse et son aide de camp.

Avant le départ du train j'achetai à un enfant une plaque de schako autrichien provenant du champ de bataille et, plus heureux que pour le boulet de Solférino, je la possède encore.

(Le boulet a été perdu en quittant l'Alsace.)

Le train une fois en marche, nos compagnons de voyage nous font remarquer le pont sur lequel a été tué le général Cler, qui commandait une brigade de grenadiers de la Garde.

La première station après Magenta est Trecate, d'où est parti le maréchal Canrobert pour aller au secours de l'Empereur et de la Garde impériale. Mac-Mahon, arrivant à 6 heures du soir, décidait de la journée, et gagnait le bâton de maréchal et le titre de duc de Magenta.

Après Verceil, témoin des premiers engagements entre les Autrichiens et les Piémontais, nous passons à Novare, célèbre par la défaite du roi Charles-Albert en 1849, et nous franchissons le Pô sur un magnifique pont. Il faisait nuit lorsque nous sommes arrivés à Gênes. Un affreux orage avait éclaté, de nombreux éclairs sillonnaient la mer et c'est à leur lueur que nous apercevions le magnifique panorama de Gênes.

Le lendemain nous visitions les palais, les églises, les musées; et notre guide, nous conduisant sur les hauteurs, nous indiquait l'emplacement des batteries, établies par Masséna pendant le célèbre siège qu'il soutint en 1800 contre les Autrichiens. Nous arrivions à Turin après avoir traversé la plaine de Marengo et le champ de bataille de Montebello, illustré par nos deux victoires de 1800 et de 1859. Turin ne ressemble en rien à toutes les villes que nous venons de voir. C'est une ville moderne. Plus de madones apposées contre les murs et entourées de fleurs devant lesquelles brûlent de petites lampes; et, à l'exception de quelques capucins, les ecclésiastiques ont un costume moins exagéré que dans le reste de l'Italie.

Après avoir visité sur le lac Majeur les célèbres îles : Isola Bella et Isola Madre, nous arrivons à Domodossola. Le lendemain nous passions le Simplon en diligence pour rentrer ensuite en France.

Ce passage, un des plus beaux de la Suisse, durait alors treize heures, ce qui paraîtrait peut-être un peu long aujourd'hui.

CHAPITRE II

Le colonel Vieyra. — Un dîner au ministère de l'instruction publique. — Sainte-Barbe. — L'Empereur, l'Impératrice et le Prince impérial aux Champs-Élysées. — Le colonel de Béville m'accepte aux lanciers de la Garde. — Le maréchal Regnaud de Saint-Jean d'Angely. — Un mess de la Garde. — Première nuit au régiment et contes de la chambrée. — Le corps de garde. — Le général Ferray m'envoie à Saumur. — L'École de Saumur. — Les inondations de la Loire en 1866. — Je rentre au régiment et suis nommé sous-officier. — Une chasse de l'Empereur.

En 1862, j'étais en rhétorique et comme mon père trouvait que mes études étaient faibles, il prit le parti de m'emmener à Paris pour me placer à l'école préparatoire de Sainte-Barbe.

En grandissant, mon goût pour l'état militaire avait beaucoup augmenté, et je parlais de m'engager dans un régiment. « Tu seras militaire par Saint-Cyr, me répondait mon père, où tu ne le seras pas. » Nous arrivâmes à Paris dans les premiers jours d'avril 1863. Mon père me conduisit au débotté chez son vieil ami le colonel Vieyra, qui habitait rue Saint-Georges. M. Vieyra, qui a joué un rôle important au coup d'État de 1851, était un homme d'une soixantaine d'années.

J'étais le fils de son meilleur ami, il m'accueillit à bras ouverts. Le colonel restera dans mon souvenir comme le type du vrai Français, c'est-à-dire un homme spirituel, gai, plein d'entrain, dévoué à ses amis et brave jusqu'à la témérité.

Il aimait à raconter les événements auxquels il avait été mêlé et pendant ces récits j'étais tout oreilles.

« Vois-tu, me disait-il, j'ai toujours eu horreur des émeutes et des émeutiers ; ainsi en 1830 j'avais vingt-six ans, et, dès que les ordonnances de Juillet ont été connues, je me suis fait incorporer, grâce à de hautes protections, dans un régiment d'infanterie de la Garde royale, et pendant les trois journées j'ai combattu pour Charles X. »

Il fit partie de la garde nationale sous Louis-Philippe en qualité de capitaine, et combattit les nombreuses émeutes qui marquèrent le règne du roi. A chaque prise d'armes, M. Vieyra se signala par son courage, et obtint la croix de chevalier de la Légion d'honneur. Il reçut la croix d'officier après la répression de l'insurrection de Juin par Cavaignac.

Étant devenu chef du 2ᵉ bataillon de la 1ʳᵉ légion, il fut, le 28 novembre 1851, nommé colonel chef d'état-major général de la garde nationale en remplacement du général Foltz.

Le général marquis de Lawœstine avait alors le commandement de la milice citoyenne.

Enfin vint le coup d'État. « Au Deux-Décembre, M. Vieyra rendit les plus importants services en contenant toute la garde nationale de Paris et de la banlieue, en tenant tête à toutes les réclamations, en empêchant les convocations, les réunions; en faisant avorter les incessants projets qui pouvaient mettre tout en péril. Par sa prévoyance, par sa fermeté et son énergie, le colonel Vieyra fit qu'aucune collision n'eut lieu entre la garde nationale et la troupe. » (Dʳ VÉRON, *Mémoires d'un bourgeois de Paris*, tome V, p. 288.)

J'ai souvent entendu raconter à M. Vieyra le fameux *épisode des tambours*, qui fut, on peut le dire, un vrai trait de génie.

« C'était pendant la journée du 3, — c'est M. Vieyra qui parle, — le Prince-président venait de me faire appeler à l'Élysée pour me dire que, malgré ma défense, on battait le rappel dans la 3ᵉ légion et que les conséquences de cette infraction pouvaient devenir graves.

« — Le Prince se trompe, ou tout au moins est mal informé, lui répondis-je, car j'ai fait réunir hier dans la cour de la mairie de mon arrondissement toutes les caisses et je les ai fait crever devant moi. »

Le même jour il se rendait au manège de la rue Duphot où s'étaient réunis, pour protester contre le coup d'État, deux à trois cents officiers de la garde nationale.

« Je n'avais avec moi, me disait-il, que deux officiers de mon état-major et quatre gendarmes.

« — Je vous donne cinq minutes pour vous disperser, dis-je aux manifestants, sinon je vous fais tous arrêter.

« Eh bien! le croiriez-vous, ajoutait-il, ils sont partis sans murmurer. »

Le Prince-président, devenu Empereur, voulut récompenser les services du colonel Vieyra et il eut à cette occasion un mot charmant.

— Mon cher colonel, lui dit Napoléon III, je sais qu'on vous avait promis une cravate de chanvre, je vous en donne une de soie. Et il lui remit la croix de commandeur de la Légion d'honneur. L'Empereur, en parlant de chanvre, faisait allusion aux projets sinistres que nourrissaient au 2 décembre beaucoup de gardes nationaux contre leur chef d'état-major.

Quand on lui disait, après ses récits :

— Savez-vous, mon colonel, que vous avez passé par de rudes moments ?

— Bast, répondait-il, on s'en tire toujours avec cela et cela. Et, ce disant, il plaçait sa main droite sur son cœur et ensuite sur son côté gauche en faisant le geste de tirer son épée.

M. Vieyra est mort à Paris le 3 décembre 1889. Il avait près de 86 ans et avait conservé jusqu'à sa mort toute son intelligence et toutes ses facultés.

A une époque prosaïque et terne comme la nôtre, où l'abaissement des caractères et le manque de courage civil sont la note dominante, on est heureux de saluer une figure comme celle du colonel Vieyra.

Il a emporté dans la tombe l'affection de ses enfants, parents et nombreux amis, et ses adversaires politiques ne pourront s'empêcher de reconnaître que c'était *quelqu'un*.

Après ce souvenir rendu à mon vieil ami, je reprends mon récit.

M. Rouland, ministre de l'instruction publique

et des cultes, était un ancien magistrat. Il avait été le procureur général de mon père à la cour de Rouen avant 1848. M. Rouland était un homme très fin et a été un bon ministre. Il est mort, sous la troisième République, gouverneur de la Banque de France.

Le lendemain de notre arrivée, nous nous rendions au ministère de la rue de Grenelle. Mme Rouland nous reçut très aimablement. Rentrés chez nous, nous recevions une invitation à dîner pour le surlendemain. Au jour indiqué, nous nous trouvions réunis, à sept heures, au nombre d'une vingtaine d'invités chez le ministre de l'instruction publique. Les salons, donnant sur un grand jardin, planté de magnifiques arbres, me parurent très beaux.

Peu après on passa dans la salle à manger. Je me trouvai placé à table à côté de la belle-fille du ministre. Mes yeux ne pouvaient se détacher de cette charmante femme qui avait tout pour elle, la jeunesse, la beauté et la distinction. Lorsqu'elle m'adressait la parole, sa voix me semblait une délicieuse musique et je balbutiais ma réponse en devenant rouge comme une pivoine.

Une superbe corbeille de violettes occupait le milieu de la table. A la fin du repas, on fit la distribution des bouquets aux convives. Ma voisine, voyant qu'on m'avait oublié, m'offrit le sien si naturellement et avec tant de bonne grâce que mon trouble en redoubla. Il faut se rappeler que j'avais à peine dix-sept ans et que je faisais mes débuts dans le monde. Je dus bien amuser cette aimable jeune femme.

Je conservai longtemps son bouquet. Il a fini par disparaître. Tout passe, disparaît, ici-bas, la jeunesse, la beauté, les fleurs, les hommes et... les gouvernements ; une seule chose reste, c'est le souvenir. Après vingt-neuf ans j'aime à me rappeler cette délicieuse soirée de ma jeunesse, aussi présente à ma mémoire que si elle datait d'hier.

J'entrai le lendemain à Sainte-Barbe. Les ténèbres après la lumière ! Le noir Tartare après les Champs Élysées ! La maison était bien faite pour jeter dans l'âme les plus sombres pensées.

En quittant la belle place du Panthéon, on tombait dans l'étroite rue de Reims, où était située l'école préparatoire, juste derrière la bibliothèque Sainte-Geneviève.

L'horrible rue Chartière et les murs élevés et noirs du lycée Louis-le-Grand qui bordaient le côté gauche de l'école, achevaient de donner à ce bâtiment l'aspect d'une prison.

Une fois installé dans la salle d'étude aux

lampes fumeuses et dont les fenêtres donnaient sur l'étroite cour plantée d'arbres rabougris, la plus affreuse tristesse s'empara de moi. Mon bon père venait de m'embrasser au parloir, car il repartait le soir même pour l'Alsace. Je ne connaissais personne parmi les jeunes gens qui m'entouraient. Entré en pension au milieu de l'année, j'étais vraiment *le nouveau*, tombant au milieu d'élèves, camarades depuis déjà six mois. A neuf heures on monta au dortoir. N'ayant été qu'externe au lycée impérial de Colmar, c'était la première fois que je couchais hors de la maison paternelle. Ces dortoirs de Sainte-Barbe, au moins celui où je me trouvais, étaient bas comme des entreponts de vaisseaux et les fenêtres grillées et aux vitres dépolies semblaient le matin vouloir arrêter les rayons bienfaisants du soleil.

Le départ de mon père, mon isolement au milieu de toutes ces figures inconnues, le souvenir de ma soirée de la veille, le bouquet de ma voisine : tout cela constituait un ensemble bien fait pour m'émotionner profondément. Aussi, une fois couché et la lampe éteinte, je laissai couler silencieusement les larmes que je retenais avec peine depuis mon entrée dans cette triste demeure.

A moins de punition, on sortait tous les dimanches. Mon correspondant était une sœur de mon père qui demeurait avenue de la Motte-Piquet. J'allais aussi déjeuner quelquefois, à ma grande joie, *au mess* du 2ᵉ voltigeurs de la Garde impériale, à l'École-Militaire. J'avais un cousin capitaine dans ce régiment.

Avec quel plaisir, après huit jours d'internement, je respirais par un beau soleil de printemps l'air de la liberté! La place du Panthéon et la rue Soufflot me paraissaient immenses et je courais vite au jardin du Luxembourg dont on apercevait les beaux arbres touffus.

Chaque dimanche, après quelques visites aux amis de mes parents, je dirigeais en général mes pas vers les Champs-Élysées. Les jours de retour de courses à Longchamps, cette superbe avenue reliant les Tuileries à l'Arc de Triomphe, et, on peut le dire, unique en Europe, présentait un aspect aussi animé qu'élégant.

Les équipages succédaient aux équipages, les cavaliers aux cavaliers et je puis affirmer qu'à cette époque les fiacres n'étaient pas en majorité comme ils le sont aujourd'hui.

Les omnibus et les voitures-réclames, depuis l'affreuse boîte rouge d'Old England jusqu'au biberon Robert, n'encombraient pas cette avenue à laquelle on tenait à conserver son cachet aristocratique.

Deux gendarmes à cheval de l'escadron d'élite, coiffés du haut bonnet à poil, montaient et descendaient lentement les Champs-Élysées pour faire la police des voitures et faciliter le passage des souverains.

Vers quatre heures on voyait poindre le brigadier et les quatre cavaliers placés de front, qui précédaient la voiture du Prince impérial, toujours escorté par un peloton du régiment de cavalerie de la Garde en garnison à Paris.

Le Prince allait presque chaque jour à Bagatelle jouer avec le jeune Conneau, le fils du médecin de l'Empereur.

Les promeneurs quittaient les trottoirs et se précipitaient, malgré les voitures et les sergents de ville. vers le milieu de la chaussée pour voir de plus près celui qu'on appelait alors le *Petit Prince*.

Lorsque la voiture marchait au pas, ce qui par parenthèse était rare, on pouvait admirer tout à son aise un bel enfant au doux sourire envoyant gentiment des baisers à la foule qui se découvrait sur son passage.

M. Bachon, son écuyer, se tenait à la portière de droite et l'officier commandant le peloton, suivi de son trompette, à la portière de gauche. Le reste de la troupe formée en bataille serrait de très près la voiture. M. Bachon portait une tunique verte avec broderies et aiguillettes d'or, un chapeau à plumes noires et la culotte de peau blanche avec la botte forte.

L'Empereur et l'Impératrice revenaient plus tard ; et lorsqu'ils paraissaient, c'était un nouvel empressement de la part du public pour se porter sur leur passage. L'Empereur était presque toujours avec un aide de camp dans un phaéton qu'il conduisait lui-même. Les chevaux de l'Empereur, superbes anglo-normands, étaient supérieurement attelés. Du reste, tout ce qui touchait au service des écuries, placé sous la haute surveillance du grand écuyer, le général Fleury, était d'une correction et d'une tenue parfaites.

Enfin paraissait la calèche de l'Impératrice conduite à la Daumont par deux petits jockeys qui, avec leurs cheveux poudrés et leurs toques vertes à glands d'or, ressemblaient à deux statuettes en porcelaine de Saxe. Un piqueur à la livrée impériale vert et or précédait la voiture et frayait le passage en faisant signe avec son fouet de chasse.

L'écuyer de l'Impératrice, le baron de Pierres, galopait à la portière.

Un jour que je m'étais placé au premier rang de la foule pour saluer et mieux voir l'Impératrice dont la voiture marchait au pas, je restai positivement longtemps sous le charme indéfinissable de son regard.

Mme Carette, ancienne lectrice de l'Impératrice, dans ses intéressants *Souvenirs intimes de la cour des Tuileries*, fait admirablement sentir ce que je cherche à exprimer lorsqu'elle dit, page 11, tome Ier : « …et d'un mouvement plein de grâce et de noblesse, elle faisait un salut circulaire, enveloppant de son long regard bleu lumineux et doux toute cette foule attentive. » Et elle ajoute : « Cette façon de saluer que je n'ai jamais vue qu'à l'Impératrice avait un charme irrésistible. Elle était imposante et presque modeste, désireuse de recueillir les honneurs dus à la souveraine, elle séduisait en même temps par une grâce féminine sans égale. »

Rentré le soir à Sainte-Barbe, je rêvais Impératrice, Champs-Élysées, cavalerie de la Garde, et le désir de m'engager dans un de ces beaux régiments qui fournissaient de si brillantes escortes au *Petit Prince* achevait de me tourner la tête et m'empêchait de travailler.

Je veux rappeler ici, avant de quitter l'école préparatoire, quelques noms pour la plupart disparus.

Le directeur en chef de l'école préparatoire, du collège Sainte-Barbe et de la maison de Foutenay-aux-Roses, où l'on recevait les tout jeunes élèves, était M. Labrouste, mort depuis déjà longues années.

Le directeur des études, rue de Reims, était M. Blanchet. Ancien officier d'artillerie, il était l'auteur d'un traité de géométrie très apprécié. Le surveillant général, Lelion-Damien, était surnommé *Toutou*, à cause d'une petite chienne bull appelée *Miss* qui se mourait de gras fondu et qui le suivait toujours. Ce bon *Toutou* (pas le chien, le maître) faisait notre bonheur lorsqu'il traversait la cour en uniforme de garde national pour aller monter sa garde à l'Hôtel de Ville.

Le général Cavaignac, ancien barbiste, avait donné en 1848 deux cents fusils à l'école, et nous faisions, tous les jours en été, l'exercice, pendant les récréations, sous la direction de trois maréchaux des logis de la garde de Paris. Cavaignac, qui se méfiait peut-être des idées avancées de l'école, avait eu soin de donner des fusils dont les cheminées étaient bouchées.

Les professeurs Moutard, Mondielli pour les mathématiques, Royer pour l'histoire, Moreau, Moutier et July pour les sciences physiques et naturelles, Pelissier et Gaillard pour la partie littéraire, Odin et Chassevent pour le dessin, et enfin Bertrand et Gatechair pour l'escrime, étaient certainement des maîtres excellents et tels qu'on pouvait les désirer.

Dire qu'ils étaient tous dévoués à l'Empire et à l'Empereur, c'est une autre question, et sous ce rapport, à part les élèves qui se préparaient à Saint-Cyr, maîtres et disciples étaient pour la plupart de bons républicains. Cette opinion s'accentuait chez les *taupins* comme s'intitulaient les futurs polytechniciens.

Le *taupin* Rossel était en même temps que moi à Sainte-Barbe à cette époque.

J'entends encore la voix criarde et perçante du concierge, appelant au parloir *monsieur Rossel* qui n'était pas encore *le citoyen Rossel*, le délégué des communards à la Guerre, finissant au poteau de Satory en 1871.

M. Thiers, malgré sa mansuétude pour les insurgés et de hautes et puissantes influences, n'avait pu *préférer miséricorde à la rigueur des lois*.

Le capitaine Rossel a été fusillé, et c'était justice : il y allait de la discipline et de l'honneur de l'armée.

Au mois d'août j'étais revenu à Colmar chez mes parents pour y passer mes vacances. Mon père était presque résolu à ne plus me renvoyer à Sainte-Barbe et à me laisser m'engager. Sa rencontre à la préfecture du Haut-Rhin avec le colonel Yvelin de Béville du 2ᵉ cuirassiers, frère du général aide de camp de l'empereur, le décida complètement.

« Je viens d'être appelé au commandement des lanciers de la Garde, lui dit le colonel, si vous voulez me confier votre fils, je l'emmène; ce sera mon *premier-né* dans ce régiment! » On ne pouvait être plus aimable et plus engageant; mon père n'hésita plus. Quant à moi, j'étais au comble de mes vœux. Ne plus retourner en pension, et revêtir enfin un joli uniforme! On ne se doute pas de l'influence d'un beau costume, et combien il attire de jeunes papillons dont plusieurs, hélas! se brûlent souvent les ailes. J'étais transporté et j'affirmais à mon père que je serais officier presque aussi vite qu'en passant par Saint-Cyr. « Je te le souhaite, » me répondait-il, assez tristement. Les circonstances, plus que mon mérite, devaient cependant me donner raison.

Il fallait un certain temps pour obtenir, du maréchal commandant la Garde, l'autorisation d'entrer directement dans ce corps d'élite, et la protection du commandant de Mauret, ancien officier d'ordonnance du maréchal pendant la campagne d'Italie en 1859, ne me fut pas inutile.

Enfin, au mois de septembre 1864, je contractais, à la mairie de Colmar, un engagement volontaire de sept ans pour les lanciers de la Garde. J'avais dix-huit ans.

C'était une belle et noble figure militaire que celle du respectable chef de la Garde. Dieu, en le rappelant à lui en 1869, lui a épargné la douleur profonde que lui auraient causée les événements de 1870 et la chute de l'Empire.

Le maréchal comte Regnaud de Saint-Jean d'Angely était un soldat du premier Empire. Il avait fait, au sortir de l'École militaire, la rude campagne de Russie en qualité de sous-lieutenant au 8e hussards, puis celle d'Allemagne de 1813. En 1814 il se distingua sous les yeux de l'Empereur qui le fit capitaine sous les murs de Reims et le nomma son officier d'ordonnance. Au retour de l'île d'Elbe, il fut chef d'escadron et prit part à la bataille de Waterloo. Rayé des contrôles de l'armée par la Restauration, il n'était que général de brigade en 1848. Il a eu l'honneur d'obtenir ses premiers grades des mains de Napoléon Ier et celui d'être fait maréchal d'Empire à Magenta par Napoléon III. Le bâton de maréchal qui lui fut accordé dans cette circonstance fut à la fois une récompense pour ses services et une distinction pour la Garde tout entière.

Ce sera toujours pour moi un précieux souvenir de penser que j'ai été commandé en chef par un maréchal de France qui avait fait ses premières armes sous Napoléon Ier et dont les états de service étaient si brillants.

Étant maréchal des logis, j'ai eu l'honneur de l'escorter avec six cavaliers le jour de la revue du Sultan au Champs-Élysées en 1867.

Le maréchal avait une belle tête militaire encadrée par des favoris blancs, il était grand et fort et sa belle prestance à cheval était rehaussée par l'habit brodé sur toutes les coutures qu'il portait avec beaucoup de dignité.

Tous les dimanches il assistait avec son état-major, dans la tribune d'honneur, à la messe que disait dans la chapelle de l'École-Militaire l'abbé Morin, l'aumônier de la Garde. Nous alternions avec l'infanterie pour fournir le service d'honneur qui se composait d'un peloton commandé par un officier. Une musique d'un des régiments de la Garde se faisait entendre pendant le service divin et le *Domine salvum fac Imperatorem* était chanté par une partie des musiciens qu'accompagnait le reste de la musique.

Depuis la troisième République la chapelle de l'École-Militaire est un dépôt de caisses à biscuits. Le maître-autel en marbre blanc, très remarquable, a été transporté à l'église Saint-Pierre-du-Gros-Caillou.

Les lanciers de la Garde étaient encore à la fin de septembre 1864 à Saint-Germain-en-Laye. Ils ne devaient partir pour Meaux que le 1er octobre.

Mon père reprit avec moi le chemin de Paris comme il l'avait fait un an auparavant lorsqu'il me conduisait à Sainte-Barbe. Ma mère était très émue de cette nouvelle séparation qui devait avoir sur mon avenir une influence décisive, et pour ma part je faisais, pour la première fois de ma vie, de sérieuses réflexions.

Mais il n'y avait plus à reculer, il fallait franchir le Rubicon, et il ne restait qu'à dire avec le Romain : *Alea jacta est.*

Le colonel de Béville nous avait invités à déjeuner à Saint-Germain au *mess* des officiers, situé avenue du Boulingrin, dans un beau bâtiment brique et pierre, style Louis XIII, qui existe toujours. On peut encore voir au-dessus de la porte d'entrée un N sculpté dans la pierre. Par exemple, la maison a été transformée en appartements meublés et l'avenue s'appelle l'avenue Gambetta.

Ces *mess* de la Garde étaient supérieurement tenus et le service ne laissait rien à désirer. Les domestiques nombreux, pris parmi les hommes du régiment, portaient la livrée bleu de ciel à boutons d'or et, les jours de gala ou de réceptions, la culotte courte, les bas blancs et les souliers à boucles. A l'heure des repas un domestique ouvrait à deux battants la porte conduisant à la salle à manger et le maître d'hôtel très correct, en habit noir, s'avançant sur le seuil, annonçait à haute voix : « Le colonel et ces messieurs sont servis. »

Lorsque, après la guerre de 1870, j'ai été obligé, étant sous-lieutenant, de manger en province dans des gargotes où nous étions servis par des maritornes ou des garçons à moustaches, j'ai malgré moi pensé plus d'une fois à l'ancien *mess* des officiers de la Garde.

Avant le déjeuner, le médecin-major m'avait emmené dans une petite pièce servant d'office et il m'avait fait passer la visite prescrite pour tout conscrit arrivant au corps. Le colonel lui ayant demandé ce qu'il pensait de la nouvelle recrue, le major nous fit rire en répondant : « Le coffre n'est pas gros, mais il est bon. »

Le 6 octobre j'allais rejoindre le régiment à Meaux pour être définitivement incorporé.

A huit heures, au moment où l'appel du soir sonnait, je me séparais de mon bon père que j'embrassais bien tendrement sur la porte du quartier et, renfonçant une larme, je suivis l'homme de garde qui m'introduisit dans la chambrée occupée par le 3ᵉ peloton du 3ᵉ escadron.

En entrant, mon odorat fut désagréablement saisi par cette odeur indéfinissable, mélange de cuir, de graisse et de... chrétien qui n'appartient qu'aux établissements militaires et que Stendhal appelle poétiquement le *parfum du bivouac*.

Le maréchal des logis chef m'avait désigné un camarade de lit. J'étais du reste attendu, car la couverture de mon lit était faite et il ne me restait plus qu'à me coucher dans les *toiles* épaisses du gouvernement.

Tous mes nouveaux camarades, pour la plupart anciens soldats, me firent, je dois le dire, très bon accueil et le paquet de *tabac fin* que j'avais apporté eut un succès complet.

Comme je commençais à m'endormir, je fus réveillé à dix heures par la sonnerie solennelle et à la fois triste de l'extinction des feux. Au début elle devait me réveiller et, quelques jours plus tard, me faire dormir plus vite. Malgré la nouveauté et la dureté du lit, je dormis bien. Le lendemain, qui était un dimanche, j'entendis pour la première fois, à six heures du matin, le réveil sonné en fanfare par tous les trompettes du régiment, réunis au milieu de la cour du quartier.

Cette coutume a disparu, on ne sait pourquoi. Les civils, qui de nos jours ont la haute main sur l'armée, trouvent probablement que ces usages ne sont pas nécessaires pour donner de l'entrain à un métier qui en a cependant grand besoin.

Le tableau d'une chambrée militaire et de la vie qu'on y mène a été fait mainte fois et je n'y reviendrai pas. Je veux cependant dire un mot des contes que, une fois couché, on était obligé d'entendre. Il y avait des conteurs excellents et pleins d'originalité parmi ces vieux soldats de la Garde qui, suivant leur expression, avaient *roulé leur bosse* en Afrique, en Crimée et en Italie. Au cours de leur récit ils lançaient le fameux *cric* auquel l'auditoire devait répondre *crac* sous peine d'amende pour ceux que le sommeil avait gagnés. Ces histoires, le plus souvent très décolletées et triviales, roulaient, en général, sur les aventures du sergent La Ramée, invité dans un de ses voyages à dîner chez la reine d'Angleterre.

Puis c'était l'histoire d'une jeune princesse qui n'était pas jolie, *si on veut*, mais si aimable, si aimable... etc., etc.

Parfois on parlait de ce malheureux régiment de cavalerie qui, ayant par imprudence brûlé son quartier, fut condamné à voyager pendant un an et un jour *en tenant les chevaux par la figure*.

Je me souviens d'un nommé Koll, Alsacien d'origine et cuisinier en pied de l'escadron, qui était bien le plus drôle de tous les conteurs du régiment. Que de fois j'ai ri de bon cœur à ses histoires !

Le moment est venu, je crois, de donner la description du joli uniforme que j'allais revêtir et qui n'avait pas peu contribué à m'attirer dans la cavalerie de la Garde.

L'habit-veste ou *kurka* (les lanciers, on le sait, sont d'origine polonaise) était blanc avec plastron, collet, parements, revers et passepoils bleu de ciel pour la grande tenue. Nous avions les épaulettes, les aiguillettes et la fourragère en laine rouge ; le pantalon de la même couleur avec double bande bleu de ciel.

Les boutons du *kurka* étaient jaunes, demi-sphériques, avec un aigle couronné. La coiffure polonaise ou *schapska* était bleu de ciel avec lisérés et galon blancs et le devant orné d'une plaque à rayons de cuivre portant un N couronné. Un plumet rouge retombant, en plumes de coq, complétait cet uniforme vraiment très brillant.

Le régiment avait été formé en 1856 à Melun par le colonel Lichtlin, mort général de division après la guerre de 1870.

A la formation, les flammes de nos lances étaient en soie blanche et rouge; mais lorsque j'entrai au corps elles étaient en étoffe de laine légère comme dans la ligne. Nos officiers portaient les épaulettes, les aiguillettes et la fourragère en or mat et la double bande d'or au pantalon.

En tenue de route et de campagne on retournait le plastron bleu de ciel et le kurka se trouvait ainsi tout blanc. Les officiers et les sous-officiers portaient dans ce cas et comme tenue journalière le kurka bleu de ciel avec passepoils blancs et un schapska léger en cuir noir avec une chaînette dorée doublée de velours bleu ciel.

En 1859, à la campagne d'Italie, le régiment avec son habit blanc fut pris pour les Autrichiens et faillit recevoir des coups de fusil des Piémontais aux environs d'Alexandrie. Onze ans plus tard, le 16 août à Rezonville, nous portions la veste bleu de ciel et on nous prit pour des uhlans. Si cette fois nous avions eu nos habits blancs, la méprise n'eût pas eu lieu.

Nos trompettes, comme dans toute la cavalerie de la Garde, avaient l'habit différent du reste de la troupe. Ils portaient le kurka bleu de ciel et les épaulettes, les aiguillettes et la fourragère blanches. Leur schapska était également blanc avec galon bleu de ciel et le plumet mi-partie blanc et bleu.

En grande tenue les trompettes portaient à leur instrument une sorte d'oriflamme semblable à celles des anciens hérauts d'armes, en étoffe blanche avec un N couronné bleu de ciel ainsi que les franges et qu'on appelait le *tablier* de trompette.

Nos buffleteries étaient blanches et notre giberne ornée d'une plaque en cuivre aux armes impériales.

En grande tenue les officiers avaient le ceinturon et le porte-giberne formés de galons d'or.

Les chevaux fort beaux et provenant en général de la remonte de Caen étaient tous bais et zains, c'est-à-dire sans la moindre tache blanche. Quant au harnachement, le frontal de la bride était en écailles de cuivre et une couronne impériale de même métal ornait la muserolle. Le fleuron du poitrail portait les armes de l'Empereur. Les schabraques et les portemanteaux étaient bleu de ciel avec galons blancs et ornés aux angles d'N couronnés brodés en laine blanche. Chez les officiers les N et les galons étaient brodés en or pour la grande tenue et en soie noire pour la petite tenue.

(Je demande pardon au lecteur de cette longue description; mais j'ai pensé que tous ces détails étaient nécessaires pour bien donner l'idée de ce qu'était sous le second Empire la tenue d'un régiment de cavalerie de la Garde.)

Sachant déjà monter à cheval, mon instruction militaire se borna à apprendre, sous la direction d'un brigadier, l'exercice du sabre et de la lance. Cette dernière arme est difficile à manier, mais avec un peu d'adresse et d'habitude on y arrive. C'est donc, selon nous, une mauvaise raison que d'alléguer, contre le rétablissement des lanciers, le peu de temps que les hommes passent aujourd'hui sous les drapeaux.

Les Allemands ne font aussi que trois ans de service et ils ont vingt régiments de uhlans ou lanciers.

Je ne m'étendrai pas sur les débuts du métier militaire lorsqu'on passe par le rang. Tout le monde sait combien le séjour à la chambrée, les gardes d'écurie, la gamelle et les corvées de toutes sortes sont pénibles pour un jeune homme de famille. J'étais décidé à surmonter sans me plaindre tous les obstacles. Du reste, il était trop tard pour récriminer et, comme on dit vulgairement,

« le vin étant tiré il ne restait plus qu'à le boire ».

Ma première garde me frappa beaucoup et je me livrai à de nombreuses réflexions en regardant le maréchal des logis qui commandait le poste. C'était un de ces vieux sous-officiers chevronnés, la poitrine couverte de médailles, comme il y en avait tant dans la Garde. Sa figure distinguée et sa façon de s'exprimer indiquaient un homme ayant reçu une éducation et une instruction soignées. Quelles avaient été les raisons qui l'avaient empêché de dépasser son modeste grade? Je l'ignorais.

Plus je le considérais, tristement accoudé sur la table grossière du corps de garde, éclairé par une méchante lampe, plus les vers d'un de ses collègues du 2\ cuirassiers de la Garde, poète à ses moments perdus, me revenaient à la mémoire.

Teissonnier, c'est le nom du poète en question, a écrit entre autres choses, dans un recueil charmant, intitulé *Poésies légères*, cette pièce de vers : *Le corps de garde*. Un vieux maréchal des logis, c'est sans doute lui que l'auteur a voulu peindre, appuyé aussi sur la table du poste, laisse errer son esprit romantique et le reporte au temps charmant de la jeunesse. Il rêve fleurs, femmes, oiseaux, printemps. Tout à coup il s'éveille et retombe lourdement en pleine réalité comme le dit la dernière strophe :

Puis plus rien! qu'un réduit enfumé triste et sombre,
Quelques soldats ronflants, les deux mains à leurs fronts;
Le gardien du beffroi, jetant l'heure dans l'ombre,
Et moi le corps brisé sous le poids des chevrons!

Ces vers peignent admirablement ce que devaient éprouver ces jeunes gens de famille, entrés dans l'armée avec foi en l'avenir et condamnés, soit par leur faute, soit par les circonstances, à prendre leur retraite après vingt-cinq ans de service avec la modeste *sardine*. Aujourd'hui ce type a complètement disparu de notre jeune armée. Je le regrette, car ces vieux braves entretenaient les traditions militaires et par leur exemple contribuaient à former le beau corps des sous-officiers de cette époque, véritable cheville ouvrière de l'armée.

Au mois d'avril 1865, les six mois de service exigés étant révolus, je fus nommé brigadier au 2ᵉ escadron. C'était un bon début, et la joie de mon père égala la mienne à l'annonce de ces premiers galons.

Mon excellent colonel me fit venir chez lui peu de temps après et m'annonça qu'il allait me nommer brigadier-fourrier. C'était une nouvelle faveur. « Vous serez presque sous-officier, me disait-il, en tous les cas vous en porterez la tenue. » A son grand étonnement je refusai. Je lui demandai, puisqu'il voulait bien me porter quelque intérêt, de prier le général-inspecteur de m'envoyer à Saumur pour perfectionner mon instruction militaire. En effet, la Garde ne recevant pas de recrues, il m'était impossible d'apprendre à instruire des conscrits.

Le général Ferray, commandant la cavalerie de la Garde, était, au mois d'août, l'inspecteur général. Il me fit appeler, le jour de son départ, à l'hôtel du Grand-Cerf, où il était descendu. Je le trouvai appuyé contre la cheminée d'une petite salle à manger où il venait de déjeuner avec son aide de camp. C'était un homme petit, gros, portant ses cheveux gris en brosse, l'œil noir, vif et très perçant. Je lui avais été recommandé par notre ami le colonel Vieyra avec lequel il s'était trouvé en rapport au moment du coup d'État. M. le général Ferray commandait à cette époque à Paris le 7ᵉ lanciers.

—Savez-vous, jeune homme, me dit le général, que vous n'êtes pas bien gros pour aller à Saumur; c'est rude, l'École de cavalerie.

Le médecin-major à Saint-Germain avait déjà

fait la même remarque. J'eus un moment d'angoisse.

— C'est vrai, mon général, m'empressai-je de répondre, mais je me porte bien et j'ai le désir de passer sous-officier.

— Enfin, dit-il, allez, et bonne chance.

Je saluai, *tournai* militairement *sur les deux talons pour faire face en arrière*, comme dit la théorie, et je ne fis qu'un bond jusqu'au quartier pour écrire bien vite à mes parents cette heureuse acceptation.

En septembre 1865, mon père fut nommé juge au tribunal de la Seine. Le regret de quitter la robe rouge était atténué par le plaisir de venir à Paris où l'appelaient ses parents et ses relations. Il était du reste en droit d'espérer qu'on le dédommagerait bientôt. Mais la justice des hommes est souvent bien lente à se manifester, car il dut attendre neuf ans un siège de conseiller à la Cour, après avoir pendant huit ans rempli les dures fonctions de juge d'instruction.

Comme il l'avait fait lors de mon entrée au régiment, mon père désira me conduire à Saumur. Les cours s'ouvraient dans les premiers jours d'octobre.

Nous fîmes route avec un très gentil brigadier du 2ᵉ cuirassiers de la Garde s'appelant Clavier.

Il se trouva que mon père, lorsqu'il était substitut à Bourges vers 1834, avait eu pour premier président M. Mater, oncle de ce jeune homme.

Mon père l'invita à souper avec nous à l'hôtel Budan, sur le quai de la Loire.

Il était joli, cet uniforme du 2ᵉ cuirassiers de la Garde et il allait bien à un garçon élancé comme mon camarade. Le casque à double crinière noire, la cuirasse avec les clous de cuivre, les aiguillettes et les épaulettes blanches tranchant sur la tunique bleu de ciel à retroussis écarlates et enfin, pour compléter ce brillant costume, les grands gants à crispins et la culotte de peau blanche avec la botte forte.

Que l'on avait du plaisir à porter ces belles tenues ! Et combien les gens qui pensent que ces choses sont indifférentes se trompent et connaissent peu l'esprit français.

L'École de Saumur était commandée en 1865 par le général Crespin, l'ancien colonel des dragons de l'Impératrice à la formation. Il était peu valide et ne pouvait presque plus monter à cheval.

C'était un singulier choix, venant surtout après le brillant général de Rochefort.

Le commandant en second, le colonel Cordier, montait souvent un très beau cheval de carrière doux comme un mouton, et qu'on appelait *Antinoüs*. On racontait à ce sujet qu'il se rendait tous les matins dans les écuries de l'École suivi d'un cavalier de remonte portant sa selle ; il s'arrêtait successivement devant plusieurs chevaux, enfin revenant toujours à son favori, le colonel finissait par dire : « Allons, réflexion faite, sellez-moi *Antinoüs*. »

Le lieutenant-colonel Rouxel était la terreur des cavaliers de remonte et de manège et un peu de tout le monde. Il faisait partie, ainsi que les officiers instructeurs de ce qu'on appelait le *cadre blanc* par opposition avec le *cadre jaune*.

On désignait sous ce dernier nom les officiers de manège ou écuyers dont les épaulettes, les aiguillettes et les boutons d'uniforme étaient en or mat. Ces officiers portaient le frac noir et le chapeau en bataille, la culotte noire ou blanche et la botte à l'écuyère.

Le lieutenant-colonel Lotte, aujourd'hui général de division du cadre de réserve et un des pères du règlement de 1883 sur les exercices de la cavalerie, était à cette époque chef du manège. Il montait supérieurement à cheval et était le digne successeur des Saint-Ange, des Baucher et des d'Aure.

Je ne me plaisais pas à Saumur. Cet établissement me rappelait trop le collège. De plus, la théorie qu'il fallait apprendre alors littéralement était mon cauchemar. *Ce littéral !* combien sont arrivés, grâce à lui, aux plus hautes situations militaires sans autre mérite qu'une mémoire exceptionnelle. L'anecdote suivante était légendaire à l'École : un général inspecteur demandait à l'examen de sortie, à un élève, quel était le mot qui ne se trouvait qu'une fois dans la théorie.

Tout le monde reste stupéfait et bouche bée à cette question inattendue. Alors le général se rengorgeant : « C'est le mot *nonobstant* à l'article II de l'école d'escadron, telle page, tel paragraphe qui est ainsi conçu : « Lorsque la marche oblique doit s'exécuter du côté opposé au guide, les serre-files conservent leur place *nonobstant* le changement de guide. » Et l'inspecteur ajoutait : « Vous voyez bien que vous ne savez pas votre théorie. »

Voilà où l'on en était arrivé avec ce culte exagéré du mot à mot.

Par contre, aujourd'hui où l'on n'est plus obligé d'apprendre la théorie littéralement, les paresseux la lisent à peine et les inintelligents qui la lisent toute la journée sont incapables de l'expliquer à leurs recrues. Bien entendu, je parle là pour les cadres inférieurs.

L'inspection nous fut passée à la fin de l'année par le général de division comte de Goyon, aide de camp de l'Empereur, et ancien commandant du corps d'occupation à Rome. Le magnifique carrousel annuel termina l'inspection. Tout le manège, M. Lotte en tête, fit une belle reprise suivie des sauteurs en liberté montés par les écuyers, les sous-écuyers et les sous-maîtres de de manège. Le carrousel militaire des officiers d'instruction et celui des sous-officiers et brigadiers des régiments, portant les uniformes brillants et variés de cette époque, fut aussi très remarqué.

L'École recevait des cavaliers-élèves, jeunes gens s'engageant directement à Saumur et envoyés à leur sortie comme brigadiers dans les régiments, plus des vétérinaires, dits stagiaires, venant d'Alfort, et enfin des élèves maréchaux-ferrants versés également à la fin de l'année dans les régiments.

Vers la fin de septembre 1866, la Loire, rompant ses digues comme en 1846 et en 1856, inonda une partie de la ville et toute la campagne environnante.

Depuis plusieurs jours nos selles étaient paquetées et nous nous tenions prêts à quitter l'École au premier coup de trompette.

Un dimanche soir, après la soupe, on sonna *à cheval* et toute l'École sortit de Saumur en prenant par le pont Fouchard les routes de Doué et d'Angers.

Je me souviens que le général Crespin, qui surveillait notre départ, recommandait à notre capitaine, en lui signalant un passage rendu difficile par l'inondation, de nous *compter avant* et de nous *recompter après*.

Rien n'était triste comme la ville plongée dans l'obscurité, par suite de l'immersion de l'usine à gaz, et cette colonne de cavalerie traversant en silence les rues éclairées par les seules lumières que tenaient les habitants en entr'ouvrant curieusement leurs fenêtres.

Le silence n'était troublé que par les tambours des pompiers battant la générale. Ils avaient cette fois à combattre un fléau cent fois plus terrible que le feu, et je suis encore à me demander en quoi leur réunion pouvait le conjurer. Après avoir traversé le pont Fouchard, nous gagnâmes les collines qui avoisinent Saumur. De là, on découvrait, par un clair de lune superbe, toute l'horreur de l'inondation s'étendant à perte de vue. Ce spectacle saisissant ne sortira jamais de ma mémoire.

Mon escadron alla coucher dans un village appelé Ambilloux ; et le lendemain j'étais envoyé à Angers sous la conduite d'un maréchal des logis *titulaire* avec douze de mes camarades pour faire le service d'estafette et seconder la gendarmerie. Au bout de huit jours, la Loire rentrant dans son lit voulut bien nous permettre de regagner l'École. J'étais enchanté de ce petit déplacement. Il m'avait procuré le plaisir de voir Angers et son vieux château, et de parcourir à cheval un pays admirable. Nous revînmes par les Aubiers et Saint-Florent. C'était peu de temps avant la fin du cours, et je voyais avec joie approcher le moment de rejoindre mon régiment.

Teissonnier, le maréchal des logis-poète dont j'ai parlé plus haut, m'avait précédé de quelques années à l'École, et il n'en avait pas gardé un très bon souvenir. Les vers suivants semblent l'indiquer. Ils sont extraits de son petit volume de poésies légères et intitulés : « Adieux à Saumur. » Cette épître est très longue ; l'auteur y raconte ses tribulations de toutes sortes, mais je n'en citerai que les seize premiers vers :

> Adieu, Saumur, ville triste et sauvage !
> Vingt et un mois ici j'ai pratiqué
> Du cavalier le dur apprentissage,
> Rompu de corps et l'esprit fatigué !
> Le fou plaisir, la joyeuse allégresse
> Dans ton séjour n'habitent pas souvent.

Va, nous quittons sans regret ni tristesse
Ton noir donjon et tes moulins à vent !
Quartier ! Espoir de la cavalerie !
Vieux murs! longtemps sous vos toits j'ai logé
Dans un grenier, mansarde décrépie
Par la vermine et par les rats rongé.
Adieu ! Je pars et point ne vous regrette,
Trop en honneur chez vous est le cheval !
Dans chaque coin on rencontre un squelette
Tant on vénère à Saumur l'animal.

Enfin elle sonna, la bienheureuse cloche du départ, et je dis adieu à mon tour au *Chardonnet* (c'est le nom du terrain de manœuvre devant l'École), au grand manège, au petit manège et même à celui des écuyers, aux chevaux de grande et de petite carrière, sans oublier le *sauteur* entre les piliers. Je ne regrettais qu'une chose, c'était mon chapeau à trois cornes, ma culotte et mes bottes à l'écuyère. Je trouvais à ce costume un certain air ancien régime qui me plaisait.

Une reprise d'écuyers coiffés de ce chapeau avec les épaulettes et les aiguillettes d'or, le frac noir, la culotte blanche et la botte avaient vraiment beaucoup de cachet. On se demande pourquoi le général de Galliffet, lorsqu'il a eu vers 1880 la haute main sur la cavalerie, a supprimé ce costume pour le remplacer par le képi et le dolman noir ?

J'arrivai à Saint-Germain-en-Laye dans les premiers jours d'octobre 1866 et je fus nommé maréchal des logis au 3ᵉ escadron où j'avais débuté comme simple cavalier. Ce grade de sous-officier me fit vraiment plaisir. J'étais sorti de la chambrée et je mangeais enfin sur une table avec une nappe et des couverts en ruolz qui pouvaient passer pour de l'argenterie. Nos cantines de la Garde étaient très bien tenues, et certainement la pension des sous-officiers valait la table de sous-lieutenant que j'ai trouvée plus tard.

Le régiment devait quitter Saint-Germain au 1ᵉʳ avril pour aller tenir garnison à Paris à l'École-Militaire, et les dragons de l'Impératrice, avec lesquels nous faisions brigade, nous remplacer à Saint-Germain.

Les chasseurs à cheval faisaient brigade avec les guides, et les cuirassiers avec les carabiniers qui, réunis en un seul régiment, venaient d'entrer dans la Garde à la suppression du 2ᵉ cuirassiers de la Garde. Les carabiniers gardaient leur belle tenue et prenaient seulement l'aiguillette d'argent pour les officiers et en laine rouge pour la troupe.

Nos trois brigades étaient, pour leurs garnisons, groupées de la manière suivante : Melun, Fontainebleau, Meaux, Compiègne, Paris, Saint-

Germain. On restait six mois à Paris, six mois à Saint-Germain et deux ans dans les autres villes. Nous étions favorisés par le sort qui nous appelait à tenir garnison à l'École-Militaire, à deux pas de l'Exposition qui devait s'ouvrir le 1ᵉʳ mai 1867.

J'assistai vers le mois de février à une chasse de l'Empereur dans les tirés de la forêt de Saint-Germain. Le rendez-vous était au pavillon de la Muette, près de Maisons-Lafitte.

Ces jours-là, le régiment fournissait un escadron en petite tenue (veste, bonnet de police et pantalon de treillis), pour servir de rabatteurs. Les lanciers bouclaient de hautes guêtres en cuir fauve par-dessus leurs pantalons et, armés de bâtons, frappaient sur les buissons pour faire sortir le gibier.

L'Empereur et ses invités marchaient lentement dans les layons pour donner aux faisans et aux perdrix le temps de s'envoler à une certaine distance. Napoléon III, qui tirait très bien, ne chassait qu'avec des fusils à baguette. Un contrôleur vérifiait la charge avant de remettre l'arme à l'Empereur. Les fusils étaient portés par des maréchaux des logis. Ces sous-officiers étaient choisis parmi les décorés ou tout au moins les médaillés du régiment.

J'étais resté à cheval avec la moitié de l'escadron tenant en main les chevaux des rabatteurs et nous étions rangés en bataille devant le pavillon de la Muette. Par la porte ouverte on apercevait les préparatifs d'un lunch qui attendait les chasseurs dans la salle du rez-de-chaussée.

Le nombre des victimes de ces chasses impériales, véritables massacres de gibier, s'élevait en général à quatorze ou quinze cents pièces, que les hommes de la vénerie et les gardes sortaient de petites voitures à bras qui avaient suivi les chasseurs, et qu'ils rangeaient par terre devant le pavillon.

Le *mess* des officiers recevait le soir plusieurs lièvres ou faisans, les sous-officiers un lièvre par table de huit et les simples lanciers un lapin par escouade, plus un petit supplément de solde le jour du prêt. L'hôpital de la ville aussi n'était pas oublié.

L'Empereur revint vers quatre heures. Il passa lentement devant nous, suivi de ses invités. Vêtu d'un pardessus gris, il était coiffé d'un chapeau noir bas, de forme ronde, dans le ruban duquel était plantée une petite plume de faisan. Il portait son fusil sur l'épaule et fumait une cigarette. Je lui trouvai l'air triste et fatigué.

Avant d'entrer dans le pavillon, l'Empereur

parlait assez souvent aux sous-officiers et il offrait à chacun un cigare. Comme je mettais de côté celui qu'il m'avait donné, avec l'intention de le conserver : « Il faut le fumer maintenant, » me dit l'Empereur de sa voix douce et un peu traînante.

C'était un ordre. J'allumais le londrès et tous mes camarades m'imitèrent.

Le goûter fini, l'Empereur repartait pour Paris dans un char à bancs à quatre chevaux, attelés en poste. Les postillons portaient le chapeau de cuir noir, la veste verte galonnée d'or et le brassard avec une plaque aux armes impériales, la culotte de peau jaune et la botte forte ; de plus, les boucles d'oreilles en or, la poudre et un nœud en soie noire attaché au collet qui imitait le catogan Louis XV.

Je n'ai malheureusement jamais assisté, à Fontainebleau ou à Compiègne, à une chasse à courre de l'Empereur, ni à la curée froide qui se faisait le soir à la lueur des torches et au son des trompes dans la cour du château. Ce spectacle était, paraît-il, magnifique. Les hommes de la vénerie de l'Empereur avaient été à bonne école ; ils sortaient presque tous de la maison de Condé ou de chez nos maîtres d'équipages les plus émérites. « Lorsque, aux chasses à courre, nous dit M. de

La Rüe, ancien garde général des forêts de la couronne, l'Impératrice montait à cheval suivie de ses dames d'honneur, gracieuse, belle à ravir, l'enthousiasme, ce parfum éphémère qui grise les souverains, était à son comble. »

CHAPITRE III

L'Impératrice Eugénie. — Sa visite au cachot de Marie-Antoinette. — Le choléra de 1865. — Attitude de l'Impératrice au 4 septembre. — Nous sommes passés en revue par elle en 1867. — La représentation de gala à l'Opéra. — L'Exposition de 1867. — Les pressentiments de mon père à son sujet. — Conversation avec le baron Haussmann. — La garde montante aux Tuileries. — Le pavillon de l'Horloge. — Les tables de service des officiers et des sous-officiers. — Le père Gervais. — Arrivée à Paris du Czar et du roi de Prusse. — La grande revue à Longchamp et le bal aux Tuileries en l'honneur des souverains. — J'escorte le Czar le soir de ce bal. — La destinée des souverains réunis à Paris en 1867.

Il faut reconnaître que le mariage de l'Empereur Napoléon III donna lieu, au moment où ce projet fut connu, à de nombreuses critiques. L'Empereur en annonçant, dans la salle du Trône aux Tuileries, son mariage aux corps constitués, fit ressortir dans son discours qu'il avait été plutôt guidé par le cœur que par la raison d'État. Il rappela que les mariages avec des princesses étrangères n'avaient pas toujours été heureux pour la France et que Napoléon 1er, en répudiant Joséphine pour épouser l'archiduchesse Marie-Louise, avait divorcé non seulement avec sa femme mais avec son bonheur. Napoléon III prit donc l'épouse qui lui plaisait et si toutes les voix ne furent pas d'accord sur l'opportunité du choix, il n'y en eut qu'une pour reconnaître que la nouvelle Impératrice en était digne par les qualités du cœur et par sa beauté. Certainement, depuis Marie-Antoinette, jamais le diadème n'avait couronné une plus charmante tête, et l'Impératrice, par le culte qu'elle portait à l'infortunée Reine, et dans le soin qu'elle avait mis à recueillir tous les objets qui lui avaient appartenu, semblait vouloir s'identifier complètement avec elle. L'Impératrice avait, dit-on, le pressentiment de finir d'une manière aussi tragique, et les événements de septembre 1870 ont prouvé qu'elle ne s'était pas complètement trompée.

Mon père, comme je l'ai dit plus haut, était juge d'instruction au tribunal de la Seine, à la fin de l'Empire. Il m'a raconté qu'un jour l'Impératrice, accompagnée d'une dame d'honneur, vint inopinément et incognito, pour voir à la Conciergerie le cachot de la Reine.

Le gardien, qui ignorait le rang de l'auguste visiteuse, dont le visage était couvert d'un voile épais, allégua que sa consigne lui défendait de laisser pénétrer dans le cachot sans une permission spéciale. L'Impératrice s'étant fait reconnaître, toutes les portes lui furent ouvertes, et il paraît qu'elle resta plus d'un quart d'heure dans ce triste réduit, abimée dans ses réflexions, et elle en ressortit les yeux pleins de larmes. Ses ennemis lui ont quelquefois reproché sa légèreté. Ils reconnaîtront cependant qu'elle s'est toujours montrée dévouée, courageuse et bonne.

Qui ne se rappelle sa ferme attitude auprès de l'Empereur lors de l'attentat Orsini ? Son nom n'est-il pas resté attaché à la fondation d'une masse d'asiles pour l'enfance, la vieillesse et les malheureux ? Et la ville d'Amiens se souviendra toujours de sa visite aux cholériques, lors de la terrible épidémie de 1866.

Nous ne pouvons oublier, à l'occasion du choléra de 1866, un bien joli mot de l'Impératrice. C'était à l'hôpital Beaujon à Paris. Comme un malade auquel elle venait d'adresser quelques paroles lui répondait dans son trouble : « Oui, ma sœur, » la digne fille de Saint-Vincent-de-Paul, qui se trouvait à son chevet, lui fit observer que c'était l'Impératrice. « Ne le détrompez pas, dit la souveraine, c'est le plus beau nom qu'il puisse me donner. »

En août 1870, elle faisait tous ses efforts pour lutter contre le découragement qui avait gagné son entourage après nos premières défaites. Elle ne céda, on peut le dire, que devant l'émeute envahissant son palais. Où était-il donc ce jour-là, celui qui avait dit à l'Impératrice : « Madame, je suis Breton, catholique et soldat, » et qui devait se faire tuer sur les marches des Tuileries ! Il avait préféré rejoindre, à l'Hôtel de Ville, ceux qu'on a appelés depuis *les hommes du 4 septembre*, et que la présence de l'ennemi n'empêchait pas de faire une révolution.

« Ah ! en France il n'est pas permis d'être malheureux ! » avait dit l'Impératrice en quittant les Tuileries pour ne plus les revoir. — Mais laissons ces tristes souvenirs pour parler d'une revue qui nous fut passée par l'Impératrice accompagnée de l'Empereur, en mars 1867, si j'ai bonne mémoire.

Mon régiment venu de Saint-Germain s'était réuni aux dragons de l'Impératrice casernés à l'École-Militaire, et nous attendions, rangés en bataille, à l'entrée du champ de courses de Longchamp, l'arrivée de la belle souveraine.

Au régiment nous nous réjouissions depuis

plusieurs jours de cette petite revue intime, si j'ose m'exprimer ainsi, car il ne devait y avoir que notre brigade. Pour moi, jeune maréchal des logis de vingt ans, c'était une véritable joie de voir de près et à cheval l'Impératrice et d'être passé en revue par Elle.

Quand on a cet âge et qu'on est Français, on a de ces enthousiasmes. Ils paraîtront peut-être bien étonnants à la génération actuellement sous les drapeaux? Ce n'est pas sa faute, on ne l'a habituée qu'à voir le chef de l'État représenté par un monsieur plus ou moins laid, portant un chapeau rond comme tout le monde et ressemblant à tout le monde.

Vers deux heures, on vit poindre, dans l'avenue aboutissant à la Cascade, l'état-major impérial et bientôt j'entendis la voix du général de brigade qui commandait : *Garde à vous! — Pour mettre le sabre à la main!* Dans ce temps-là les généraux et les colonels ne craignaient pas probablement de s'enrouer, où peut-être étaient-ils plus fiers de leurs voix; bref, ils n'avaient pas, comme aujourd'hui, recours à tout moment à leur trompette d'ordonnance.

Au commandement des colonels, toutes les lames de sabre des dragons sortaient des fourreaux comme un éclair et *nous portions* la lance.

Le lecteur voudra bien se rappeler que c'était la première revue de Leurs Majestés à laquelle j'assistais; et mon cœur battit un peu plus vite à leur approche.

L'Impératrice, à laquelle l'Empereur avait cédé le côté des troupes, passa au petit galop devant notre front. Ce fut comme une vision; mais jamais je n'oublierai sa taille élancée, l'air gracieux avec lequel elle rendait à nos officiers le salut qu'ils lui adressaient du sabre, et enfin la façon remarquable dont elle montait à cheval. Elle était bien en ce moment deux fois reine, et par le rang et par la beauté.

Nos musiques jouaient, nos trompettes sonnaient, nos flammes de lances flottaient gaiement et l'on se redressait sur sa selle, fier de son bel uniforme.

Avant le peloton de cent-gardes qui fermait la marche du groupe impérial et de sa suite, venaient cinq ou six piqueurs montant des chevaux admirables et pleins de sang, qui, bondissant aux accents des fanfares, ajoutaient au brillant du tableau.

On défila ensuite par pelotons, au galop, et aux cris répétés de : « Vive l'Empereur! vive l'Impératrice! vive le prince Impérial! »

Lorsqu'on était revenu au quartier, des revues

de ce genre étaient pendant longtemps le sujet de toutes les conversations et ne contribuaient pas peu à entretenir le dévouement des troupes.

Quelques semaines après s'ouvrait l'Exposition universelle et l'Impératrice devait à cette occasion recevoir aux Tuileries les hommages de tous les souverains de l'Europe.

Je la vis sortir du château le soir de la représentation de gala à l'Opéra.

Le roi Guillaume de Prusse était à ses côtés, et ils occupaient avec l'Empereur une voiture de cérémonie à six glaces qui permettait d'admirer l'Impératrice éblouissante de diamants et portant une robe de gaze blanche qui ajoutait à sa beauté un je ne sais quoi de vaporeux et d'idéal.

La foule maintenue sur les trottoirs laissait libres et brillamment illuminées les rues de Rivoli et de la Paix et le boulevard des Italiens jusqu'à l'Opéra, situé à cette époque rue Le Peletier. Il est difficile de donner une idée de l'effet que produisait, par une belle nuit de juin, ce cortège des souverains passant au grand trot dans les voitures dorées de la cour et escorté du magnifique escadron des cent-gardes.

Pourquoi, hélas! toutes ces magnificences ne sont-elles plus pour nous qu'à l'état de souvenir.

A l'époque prosaïque et terne où nous sommes condamnés à vivre, s'y reporter est le seul plaisir qui nous reste.

Adressons maintenant à l'auguste exilée, si éprouvée depuis tous ces beaux jours, l'expression de notre inaltérable dévouement et de notre profond respect. Nous serons trop heureux si Elle daigne nous autoriser à rester en cette circonstance un simple courtisan du malheur.

L'Empereur ouvrit avec solennité, le 1er mai 1867, l'Exposition universelle. Il m'a été donné depuis de voir celles de 1878 et de 1889. Eh bien! autant celle de 1867 m'a laissé une charmante impression, autant la seconde, celle de 1878, m'a semblé moins bien comprise et, en tous les cas, moins élégante.

En 1867, tout était dans des proportions raisonnables qui permettaient de visiter presque toutes les sections en un jour, sans trop de fatigue. C'était déjà plus difficile en 1878 où l'Exposition, passant la Seine, s'étendait jusqu'aux hauteurs du Trocadéro. En 1889, ce fut tout à fait impossible, car non seulement le Champ-de-Mars était envahi mais encore le quai d'Orsay et l'esplanade des Invalides. Pour peu qu'il y ait dans dix ans une autre exposition, il n'y a pas de raison pour ne pas couvrir de baraques la place de la

Concorde en suivant tous les boulevards jusqu'à la Bastille.

Étant caserné à l'École-Militaire, j'allais fréquemment à l'Exposition. Je m'y amusais beaucoup, surtout aux *bars* où de jeunes Hébés de tous pays, portant les costumes de leur nation, vous versaient la bière blonde de Vienne ou le kümmel argenté de Russie.

Mon pauvre père ne voulut jamais y mettre les pieds. « C'est à cause de cette grande foire, disait-il, qu'on n'est pas intervenu l'année dernière au moment de Sadowa. On ne voulait pas compromettre le succès de cet immense bazar. On a mieux aimé soutenir les marchands de *casseroles électriques* et autres exploiteurs que de secourir les Autrichiens et empêcher l'unité de l'Allemagne. L'Empereur verra ce que cela lui coûtera et à nous aussi! »

Hélas! les événements de 1870 devaient lui donner raison. Mon père a été souvent bon prophète en politique; il voyait vite et juste.

Il y eut à la fin de l'Exposition un concours de musiques militaires des différentes puissances. Ce furent les Autrichiens qui emportèrent le prix en exécutant, entre autres choses, l'ouverture de *Guillaume Tell* d'une façon si parfaite que je ne crois pas l'avoir jamais entendu aussi bien jouer même à l'Opéra. Chose extraordinaire, cette musique avait été tirée au sort parmi toutes celles des régiments d'infanterie autrichienne, au lieu que les autres nations avaient choisi leur meilleure musique. Je me souviens que la Russie avait envoyé celle des chevaliers-gardes. La Prusse était représentée par la musique des fusiliers de Poméranie dont le chef composa à cette époque et dédia à Mme la maréchale Canrobert la polka de l'*Enclume* qui eut pendant longtemps un succès mérité.

L'anecdote suivante touchant le baron Haussmann et le roi de Prusse me revient à propos de l'Exposition.

On raconta que le roi de Prusse, reçu au bal de l'Hôtel de Ville par le préfet de la Seine, lui aurait adressé, en entrant, une phrase qui marque le peu de tact et de générosité dont sont dotés nos voisins d'outre-Rhin : « Monsieur le préfet, aurait dit le roi, je n'étais pas venu à Paris depuis 1814 ; je le trouve bien changé. »

J'ai eu occasion, vingt ans plus tard, d'être présenté un jour à l'ancien préfet de la Seine, *le grand préfet*, comme on l'appelait, et il mérite ce nom, car il est le créateur du Paris actuel. Il me parla de mon père dont il était le contemporain et avec lequel il avait été au lycée Louis-le-Grand.

C'était un beau vieillard, de très haute taille et portant gaillardement ses quatre-vingts ans.

— Puisque j'ai l'honneur de vous rencontrer, monsieur le préfet, lui dis-je, je serais heureux de vous entendre confirmer les paroles que feu l'empereur Guillaume vous aurait adressées à l'Hôtel de Ville en 1867.

— C'est tout ce qu'il y a de plus exact, me répondit le baron Haussmann, et bien mieux, le lendemain, je conduisis le roi accompagné de M. de Moltke sur les hauteurs de Montmartre. « Tenez, monsieur le préfet, me dit encore le roi en étendant le bras dans la direction de Romainville, j'étais campé là en 1814. — Ah ! oui, Sire, lui répondis-je, mais aujourd'hui il y a un fort. » C'était, ajoutait le préfet, un petit correctif à ses souvenirs qui finissaient par ne plus être très aimables.

Qui pouvait penser à ce moment que Guillaume et son compagnon cherchaient déjà de l'œil la place où, trois ans plus tard, ils devaient planter leur tente. Un auteur l'a dit : le voyage de M. de Moltke et de son maître en 1867 ne fut pas un voyage d'agrément, mais une véritable *reconnaissance militaire.*

En novembre 1886, c'est-à-dire dix-neuf ans après cette brillante époque de l'Exposition, apogée du second Empire, j'avais donné, après la mort de mon père, ma démission de capitaine de chasseurs à cheval. Comme je traversais la place du Carrousel, je m'arrêtai, et considérant l'immense vide laissé par l'incendie de la Commune, je ne pus m'empêcher de penser à un temps déjà éloigné où j'avais vu le beau palais des Tuileries tout resplendissant de la puissance impériale. La comparaison n'était pas en faveur du spectacle qui s'offrait à mes yeux. En effet, cette pauvre place encombrée à droite des baraques du service des postes, à gauche d'estaminets et de bâtiments en planches dépendant de la préfecture de la Seine, enfin vers le Louvre des cloisons et échafaudages du monument de Gambetta; cette place, dis-je, ressemblait si peu, dans cet état de délabrement au Carrousel de 1867, que je me sentis envahi par la tristesse la plus profonde.

Je me dirigeai vers le gracieux arc de triomphe qui s'élève au milieu de ces ruines comme un fier et dernier souvenir de nos grandes gloires et, m'abritant sous sa voûte, je revis, comme dans un rêve, la cour du château et l'imposante parade de la garde montante.

Lorsque l'Empereur était aux Tuileries, il était fourni chaque jour pour la garde du château un détachement d'une quinzaine d'hommes de l'escadron des cent-gardes commandé par un maréchal des logis pour faire le service dans l'intérieur du palais. Chose particulière aux cent-gardes, ils se rendaient de leur quartier, situé rue de Bellechasse, aux Tuileries en portant la carabine sous le bras droit et en marchant d'un pas cadencé et très lent. Outre cela, la garde montante se composait d'une compagnie d'infanterie de la Garde commandée par un capitaine avec le drapeau ; enfin deux pelotons de cavalerie, un pour l'Empereur, l'autre pour le Prince Impérial, pris dans le régiment de cavalerie de la Garde en garnison à Paris.

L'empereur se servait rarement de son peloton d'escorte ; cependant il l'accompagnait quelquefois lorsqu'il allait au théâtre avec l'Impératrice. Le 14 janvier 1858, c'était un peloton de notre régiment qui accompagnait la voiture impériale.

Les bombes Orsini frappant dans les rangs de l'escorte y firent de nombreuses victimes. Tous les chevaux des lanciers avaient été touchés, moins les quatre de l'avant-garde et de l'arrière-garde. Treize cavaliers sur vingt-huit étaient blessés, dont plusieurs grièvement.

Nous avons connu aux lanciers de la Garde le lieutenant Noguet qui commandait ce peloton d'escorte. Dès la première bombe son cheval blessé au poitrail et fou de douleur avait emporté son cavalier du côté de la rue Rossini. Ce fut le maréchal des logis Cuisin qui, en l'absence de l'officier, prit le commandement et ramena à l'École-Militaire les débris du peloton. Le sang répandu sur les habits blancs des lanciers impressionnait péniblement la foule qui voyait passer ces hommes, blessés pour la plupart, soutenus par leurs camarades, ou conduisant par la bride des chevaux qui laissaient après eux une trace sanglante.

Quelques jours après l'événement, Cuisin, qui avait préféré le grade à la croix, fut nommé sous-lieutenant. Sans cette circonstance, il prenait probablement sa retraite comme sous-officier, ayant depuis longtemps dépassé l'âge pour concourir à l'avancement. Les blessés eurent la médaille militaire et tous les cavaliers et brigadiers du peloton reçurent de l'Impératrice une montre dans l'intérieur de laquelle étaient gravés leur nom, celui de l'auguste donatrice et la date de l'attentat. Nous en avons encore vu quelques-unes entre les mains des hommes lorsque nous arrivâmes au corps en 1864.

Mais je crois qu'il est temps de revenir à la garde montante.

Les différents détachements d'infanterie et de

cavalerie de service au château étaient placés sous le commandement d'un officier supérieur de la Garde, lequel avait au-dessus de lui le colonel commandant le château, et enfin le général aide de camp de l'Empereur de service.

Les troupes partaient de leurs quartiers de manière à être rendues dans la cour des Tuileries un peu avant onze heures. Au moment de la formation de la garde montante à l'École-Militaire on voyait arriver des écuries de l'Empereur, situées quai d'Orsay, une douzaine de charmants petits chevaux montés par des grooms portant la livrée verte. Ils venaient se ranger dans la cour d'honneur face à la musique. Ces chevaux, destinés au jeune Prince, devaient, pour que leur dressage fût complet, être habitués aux bruits militaires de toutes sortes.

Lorsque la colonne sortait de la grille de la cavalerie pour prendre l'avenue de la Motte-Piquet, rien n'était gracieux comme ces petits chevaux si jolis et si bien montés, suivant le dernier rang de la musique et accompagnant d'un doux mouvement de la tête un de ces entraînants pas redoublés comme savait les composer l'excellent chef de musique du 2e voltigeurs Sellenick.

La cavalerie suivait l'infanterie et on se dirigeait vers le pont Royal, que l'on traversait pour entrer au château par le guichet dit de l'Empereur[1].

Lorsque les sapeurs au grand tablier blanc, sur lequel se détachait souvent la croix d'honneur accompagnée de plusieurs médailles commémoratives, arrivaient à une quarantaine de pas des factionnaires du guichet, ceux-ci croisaient la baïonnette et un retentissant : « Halte-là ! qui vive ? » arrêtait la colonne.

Les tambours et la musique s'interrompaient.

Ce qui se passait alors ne manquait pas d'une certaine grandeur. Vieille tradition inutile, dira-t-on. Ce n'est pas notre avis, nous préférons un peuple qui les respecte à celui qui rit de tout.

Un caporal et deux hommes sortaient du poste, se portaient en avant des factionnaires et apprêtaient les armes. Le caporal répétait : « Qui vive ? » et lorsqu'il lui avait été répondu : « France ! » il demandait : « Quel régiment ? » Le caporal-sapeur disait alors : « Garde impériale, 1ᵉʳ régiment de grenadiers », ou de voltigeurs, ou zouaves suivant le cas, et le passage était livré à la colonne par la vieille formule : « Quand il vous plaira. »

---

[1]. Ce guichet, après la guerre de 1870, a porté comme inscription au-dessus des deux lions : « Porte sud des Tuileries »; elle est remplacée aujourd'hui par celle de « Préfecture de la Seine », l'Hôtel de Ville se refusant toujours à loger le premier administrateur du département.

La troupe alors se remettait en marche et tambours battant, clairons sonnant, fifres et musique jouant, elle débouchait dans la cour du château précédée de son superbe tambour-major couvert d'or sur toutes les coutures, secouant le haut panache de son colback et faisant décrire à sa canne des cercles toujours très appréciés par la foule. Cette foule s'écoulait en tournant rapidement le guichet dont l'entrée lui était interdite, arrivait sur la place et venait s'entasser aux grilles pour assister à la suite d'un spectacle qui plaira toujours aux Français.

La troupe se formait en bataille face au château, la cavalerie à la gauche de l'infanterie.

Lorsque onze heures sonnaient à la vieille horloge, un roulement de tous les tambours se faisait entendre et la voix de l'officier supérieur de garde commandait de porter, puis de présenter les armes. Les factionnaires du pavillon central exécutaient le même mouvement, et alors apparaissait sous le balcon, et encadré par deux sous-officiers décorés, le drapeau de l'Alma et de Solférino; la soie en était toute noire et trouée par les balles russes et autrichiennes. Les tambours et clairons faisaient retentir les murs du vieux palais de la belle batterie *au drapeau*, et la musique jouait l'air de cette romance du premier Empire[1] :

> Vous me quittez pour aller à la gloire,
> Mon triste cœur partout suivra vos pas,
> Allez, volez au temple de Mémoire,
> Suivez l'honneur, mais ne m'oubliez pas.

L'aigle allait se placer au centre de la ligne et le colonel commandant le château, ou le général aide de camp de l'Empereur de service passait l'inspection. Souvent le Prince Impérial, accompagné de l'Impératrice, se montrait à une des fenêtres et demandait qu'on fît faire devant lui quelques mouvements. La cavalerie après les exercices de l'infanterie exécutait une charge, ou, si c'étaient les lanciers, l'exercice de la lance.

Le pauvre enfant, appelé à de si hautes destinées, n'entrevoyait certainement pas à ce moment la triste fin qui devait l'attendre quelques années plus tard au pays des Zoulous. Il était heureux et fier de contempler ces belles troupes, et les spectateurs, encore sous l'impression de cette émouvante réception du drapeau, trouvaient certainement avec lui que la France était alors bien grande et que Dieu la protégeait.

La garde se formait ensuite pour le défilé et,

---

[1]. M. de Ségur avait composé les paroles, et la reine Hortense la musique de cette romance.

après ce dernier mouvement, se fractionnait pour aller occuper dans le château les différents postes.

Le drapeau du régiment qui fournissait la garde était étendu sur les fusils formés en faisceaux devant le corps de garde qui était situé au rez-de-chaussée entre le pavillon de l'Horloge et le pavillon Marsan.

Les drapeaux et étendards de tous les régiments de la Garde étaient toujours déposés aux Tuileries dans le cabinet même de l'Empereur. Les jours de revues, soit au Champ-de-Mars, soit à Longchamp à la fin de l'Empire, un peloton de cent-gardes les apportait sur le terrain pour les remettre aux régiments de la Garde présents.

Les cent-gardes avaient leur corps de garde également au rez-de-chaussée, près et à droite du pavillon de Flore. Quant à la cavalerie, elle a été d'abord sur la place du Carrousel, ensuite, pendant l'exécution des deux grandes voûtes en face du pont des Saints-Pères, au quartier Bonaparte, quai d'Orsay, puis jusqu'en 1870 dans les écuries placées en sous-sol au Louvre dans les bâtiments du ministère actuel des finances.

Cette belle cour des Tuileries! Je la vois encore lorsque l'été, vers six heures du soir, nous nous rendions au château pour dîner à la table de service. Noble, spacieuse, bien sablée et presque solitaire à ce moment de la journée, elle paraissait énorme. Le soleil en se couchant répandait sa douce lumière sur l'arc de triomphe du Carrousel et sur les immenses bâtiments du Louvre reliés au château depuis l'Empire. Cet ensemble de palais était unique en Europe. Sous le pavillon de l'Horloge se tenaient un suisse à la livrée impériale et des piqueurs tout bottés, prêts à monter à cheval. De chaque côté de l'entrée, deux factionnaires de l'infanterie de la Garde. Lorsqu'on pénétrait sous la voûte en venant de la cour du château, on avait à droite le bel escalier montant à la salle des Maréchaux, sur chaque marche duquel se tenait les jours de bal un cent-garde en grande tenue. A gauche, une immense tapisserie des Gobelins fermait l'entrée des appartements de l'Empereur et de l'Impératrice. Entre les plis de la lourde draperie se détachait la magnifique tenue bleu de ciel et le casque à crinière blanche du cent-garde en faction, immobile et appuyé sur sa carabine dont le grand sabre droit formait l'immense baïonnette.

Le silence le plus profond régnait sous cette voûte, et lorsque par hasard on s'y aventurait, on était saisi de respect comme lorsqu'on entre dans une église.

« Chaque jour à la table de l'Empereur, nous

dit Mme Carette[1], prenaient place les personnes composant le service d'honneur journalier, c'est-à-dire les deux dames du palais de l'Impératrice, un officier général aide de camp de l'Empereur, le chambellan de l'Empereur, le chambellan de l'Impératrice, l'écuyer de l'Empereur, l'écuyer de l'Impératrice, le préfet du palais, deux officiers d'ordonnance de l'Empereur (ils avaient le grade de capitaine). De plus on invitait tous les jours à dîner, à la table de l'Empereur, l'officier supérieur de service qui commandait la Garde aux Tuileries.

« L'adjudant général du palais, le général Rolin, tenait la table vis-à-vis de l'Empereur. Il habitait aux Tuileries le rez-de-chaussée du pavillon Marsan sur la rue de Rivoli. »

La table des officiers de service était au rez-de-chaussée entre le pavillon de l'Horloge et le poste du drapeau. Cette table, présidée par le colonel Sautereau, commandant du château, recevait les officiers de garde du palais. (Le colonel Sautereau est mort au mois de mai 1890. Il avait épousé la fille aînée du maréchal Magnan.) Dans une pièce précédant cette salle à manger et ouvrant de plain-pied sur la cour des Tuileries,

---

1. *Souvenirs intimes de la cour des Tuileries*, 1re série, p. 193.

était la table des sous-officiers de garde. Elle était présidée par le maréchal des logis commandant le piquet des cent-gardes. Y prenaient place : les deux sous-officiers de cavalerie de la Garde, celui du peloton d'escorte de l'Empereur et celui du peloton du Prince impérial, plus deux sergents d'infanterie dont le sous-officier porte-drapeau. Ces deux sergents étaient en général choisis parmi les sous-officiers décorés,

« La chère était exquise et délicate, nous dit Mme Carette, dans ses *Souvenirs intimes*. Il y avait quatre services doubles, c'est-à-dire deux potages, deux relevés, quatre entrées, deux rôtis, etc. Les vins étaient de premier choix et le service se faisait avec une promptitude, un ordre, un calme qui causait l'admiration des souverains étrangers. »

Nous avons retrouvé dans nos notes le menu qui fut servi aux Tuileries le 15 avril 1870, c'est-à-dire le dernier Vendredi-saint avant la révolution du 4 septembre. Nous le reproduisons textuellement :

DINER DE L.L. M.M.

Le Vendredi 25 *avril* 1870

POTAGES

Le printanier au consommé de grenouilles
aux herbes liées
Le vermicelle

GROSSES PIÈCES

La matelote d'anguilles
Le turbot sauce hollandaise

ENTRÉES

Les paupiettes de merlan sauce vénitienne
Les bouchées aux huîtres
La timbale de nouilles aux truffes
Le buisson de crevettes

RÔTS

Les truites à l'huile
Les petites soles frites

ENTREMETS

Les haricots verts sautés
La chicorée aux croûtons
Les madeleines à l'orange
Le pudding à la Nesselrode

DESSERT

Je me souviens que le maître d'hôtel qui surveillait le service de notre table s'appelait Gervais. Mais il était surtout connu sous le nom de *père* Gervais. Il datait du roi Louis-Philippe, dont il avait du reste la tête, et il boitait légèrement.

Pendant l'Exposition, au moment de la présence à Paris de tous les souverains, il y avait un véritable coup de feu. J'entends encore le père Gervais disant à ses hommes : « Allons, vivement, vous savez qu'à 11 heures et demie vous avez *la bouche* du roi de Prusse. »

Il portait l'habit marron à la française avec des boutons en acier bleuté, contrairement à la livrée des domestiques qui était vert et or. Les jours de gala il nous apparaissait en culotte courte, souliers à boucles, l'épée à poignée d'acier au côté et la chaîne d'argent au cou. Ce brave homme prenait toujours les jeunes maréchaux des logis sous sa protection. Un jour, me voyant refuser d'un plat qui avait fort bonne apparence, il se pencha vers moi et me dit à l'oreille un : « Vous avez tort » qui me fit me raviser.

Le sous-officier de cent-gardes ne manquait jamais de vous dire, en souriant, lorsqu'on le pressait d'entrer le premier dans la salle à manger : « Passez, Messieurs, je vous en prie ; je suis de la maison. » Un paravent dissimulait notre table, car, pour la facilité du service, la porte de la salle à manger des officiers restait ouverte et les mêmes domestiques nous servaient simultanément. Notre menu était le même que pour ces messieurs, mais nous n'avions pas de champagne. Il va sans dire qu'on ne se désarmait pas pour se mettre à table. On mangeait très vite aux Tuileries. Je ne me souviens pas être resté à table jamais plus de vingt-cinq à trente minutes.

Toute la vaisselle était en porcelaine de Sèvres blanche avec des filets d'or et un N couronné également en or. Les verres, sans pieds, en cristal taillé, les tasses à café et leurs soucoupes profondes portant aussi l'N couronné, étaient du plus pur style Empire.

A droite en entrant, un immense canapé droit en velours rouge avec des têtes de sphinx, où nous déposions nos casques, schapskas, schakos ou colbaks, était ainsi que tout l'ameublement du même style Empire. L'énorme cheminée sous laquelle on pouvait se tenir debout et où brûlaient en hiver des arbres entiers, semblait plutôt remonter à Catherine de Médicis.

Dans les premiers temps, racontaient les anciens, on vous offrait en sortant de table un excellent londrès, mais le général Rolin l'avait fait supprimer; les mauvaises langues disaient : par économie.

Par exemple, une chose qui n'avait pas été

supprimée et qui était exquise, c'était le verre de fine champagne qui accompagnait le café. Je n'en ai jamais bu d'aussi bonne nulle part. Il restait sur l'eau-de-vie comme une petite couronne de perles après que le domestique l'avait versée.

Le matin, les brigadiers de consigne des deux pelotons d'escorte accompagnés de deux cavaliers se rendaient au château pour rapporter à leurs hommes le café et l'eau-de-vie donnés par le service de la bouche. Les lendemains de bals aux Tuileries on y ajoutait des petits gâteaux qui faisaient le bonheur de toutes ces vieilles moustaches.

« L'année 1867, dit Imbert de Saint-Amand, dans un de ses charmants livres[1], fut l'apogée du prestige de ce palais. Jamais à aucune époque de l'histoire, pas même sous Louis XIV, pas même sous Napoléon Ier l'on n'avait vu à la cour de France une pareille affluence d'empereurs et de rois. »

Nous allons essayer de rappeler l'aspect du château des Tuileries et des jardins dans la nuit du 11 juin 1867, pendant le bal qui y fut donné en l'honneur de l'empereur de Russie et du roi de Prusse. Mais, pour être plus complet dans

---

[1]. *Les Femmes des Tuileries. Le château*, p. 272.

notre récit, nous parlerons d'abord de l'entrée d'Alexandre II à Paris et de la belle revue qui fut passée le 6 juin à Longchamp. Le 1ᵉʳ juin, le czar arriva aux Tuileries. L'Empereur avait été à sa rencontre à la gare du Nord. Les troupes de ligne, cavalerie et infanterie, étaient échelonnées depuis la gare jusqu'à la colonnade du Louvre. A cet endroit, et traversant la cour carrée, la haie était formé par le 1ᵉʳ et le 2ᵉ voltigeurs de la Garde jusqu'à la place du Carrousel. Deux régiments de dragons se faisant face, mais laissant entre eux un très large passage pour le cortège, succédaient alors à l'infanterie pour s'arrêter à l'arc de triomphe de la grille, puis les voltigeurs reprenaient la haie jusqu'au pavillon de l'Horloge. De distance en distance les musiques jouant l'air national russe alternaient avec les tambours et clairons battant et sonnant « aux champs ».

Deux pelotons de lanciers de la Garde ouvraient la marche ; ils étaient suivis de cinq ou six voitures de la cour contenant les personnes de la suite des deux empereurs, puis venaient deux piqueurs en grande livrée et, immédiatement après, la voiture impériale suivie d'un peloton de l'escadron des cent-gardes. Des aides de camp de l'Empereur et le colonel Verly, commandant les cent-gardes, se tenaient aux portières. Deux pelotons de lanciers de la Garde fermaient la marche du cortège.

Après avoir été reçu aux Tuileries par l'Impératrice, le czar fut conduit au palais de l'Élysée qu'il devait habiter pendant tout son séjour.

Le 5 juin, le roi de Prusse arrivait à Paris et, reçu avec le même cérémonial, s'installait au pavillon Marsan.

Le lendemain, eut lieu à Longchamp la grande revue. Toute la Garde[1] et l'armée de Paris, renforcées des troupes prises dans un rayon de plus de quinze lieues, y présentèrent un effectif d'environ quatre-vingt mille hommes sous le com-

---

[1]. La garde, commandée par le maréchal Regnaud de Saint-Jean d'Angely, était forte de 2 divisions d'infanterie, une de cavalerie à 3 brigades, 1 brigade d'artillerie et 1 escadron du train.

1ʳᵉ division d'infanterie.

1 régiment de gendarmerie à pied.
3 régiments de grenadiers.
1 régiment de zouaves.

2ᵉ division d'infanterie.

4 régiments de voltigeurs.
1 bataillon de chasseurs à pied.

Division de cavalerie.

1 escadron de gendarmerie (dit des chasses).
1ʳᵉ brigade. — Carabiniers et cuirassiers.
2ᵉ brigade. — Dragons de l'Impératrice et lanciers.
3ᵉ brigade. — Chasseurs à cheval et Guides.

Artillerie.

1 régiment à pied et 1 régiment à cheval.
1 escadron du train.

mandement supérieur du maréchal Canrobert.

Un beau soleil de juin relevait l'éclat des brillants et divers uniformes de la Garde et de l'armée et faisait étinceler des milliers de sabres et de baïonnettes.

A deux heures, précédé et suivi de l'escadron des cent-gardes, parut sur le terrain l'état-major des deux empereurs et du roi. On peut certainement évaluer à plus de trois cents personnes le nombre des officiers de toute nationalité, de tout grade et de tout costume qui suivaient les souverains. On y voyait, mêlés à la coiffure pointue et à la cotte de mailles des Circassiens, portant dans le dos l'arc et le carquois, les burnous éclatants des chefs arabes montant des chevaux syriens de toute beauté et dont les harnachements étincelaient de pierreries. Puis venaient les officiers autrichiens en uniforme blanc et les Anglais à l'éclatant habit rouge.

Le coup d'œil était magnifique.

Ralentissant le pas de son cheval, pour ne pas se mêler à ce brillant cortège, un officier supérieur prussien, que je vois encore, portant la tunique blanche des cuirassiers de Magdebourg (7e régiment), regardait attentivement chaque régiment comme s'il eût voulu graver dans sa mémoire et son numéro et la physionomie de chaque homme. Cet officier, c'était M. le comte de Bismarck-Schœenhausen, le fondateur de l'unité allemande, le *chancelier de fer* du futur empire germanique.

Après avoir passé lentement devant le front des troupes, l'Empereur, ayant le czar à sa droite et le roi de Prusse à sa gauche, vint se placer, entouré de son nombreux et brillant état-major, sous la tribune occupée par l'Impératrice et le Prince Impérial venus de Saint-Cloud, puis le défilé commença.

Lorsque l'infanterie, au son d'une musique entraînante, eut passé devant les souverains, ce fut le tour de l'artillerie dont les deux régiments de la Garde, à l'uniforme si imposant, furent surtout remarqués.

La cavalerie[1] défila la dernière par escadrons au trot à demi-distance. Après un changement de direction à droite, cette immense colonne se trouva au bout du terrain. Le général comte de Montebello, commandant la cavalerie de la Garde, et le plus ancien des divisionnaires de cavalerie présents, fit sonner, comme il en avait été

---

1. Une décision du ministre de la guerre, le regretté maréchal Niel, venait de supprimer les musiques de cavalerie ; seule l'excellente musique des guides de la Garde avait été conservée pour la durée de l'Exposition. Ce fut elle qui fit défiler toute la cavalerie à la revue du 6 juin 1867.

convenu, un « à droite » et « en avant ». On fit immédiatement, dans chaque escadron, « pelotons à droite, au galop » ; et cette masse de cavalerie, plus de quatre-vingts escadrons, se porta à cette allure vers les souverains. Arrivés à vingt pas de l'état-major impérial, les escadrons s'arrêtèrent court, présentant le sabre, et le cri de : « Vive l'Empereur ! » s'étendit sur toute la ligne.

L'effet fut magique et sur les illustres hôtes de Napoléon III et sur le public qui ne s'attendait pas à ce mouvement final. Le czar et le roi de Prusse se penchèrent vers l'Empereur, dont un éclair de satisfaction illumina à ce moment l'impassible visage, et ils lui serrèrent les mains avec effusion [1].

Après la revue, le roi de Prusse montant en voiture avec l'Impératrice l'accompagna à Saint-Cloud. Dans une autre voiture prirent place Napoléon III et le czar qui faillirent, dans le bois de Boulogne, être victime du Polonais Berezowski. La balle du régicide atteignit à la bouche le cheval de l'écuyer de service M. Raimbaux, qui se tenait à la portière. Le jury de la Seine,

1. Le hasard voulut que les lanciers après la marche au galop se trouvèrent juste devant les souverains. Mon escadron s'étant arrêté à vingt pas de l'Empereur, il me fut très facile de voir l'impression produite sur l'état-major impérial par ce beau mouvement de cavalerie.

dans sa mansuétude, crut devoir faire grâce de la vie à l'assassin, nous privant peut-être ainsi, trois ans plus tard, du concours de la Russie qui eût infailliblement sauvé et la France et l'Empire.

Cependant rien n'interrompit la série éblouissante des fêtes. Le soir même de la revue il y avait un bal à l'ambassade de Russie, et le 11 juin il y en avait aux Tuileries un autre qui dépassait en splendeurs toutes les fêtes précédentes. Avec l'empereur Alexandre et les grands-ducs, le roi de Prusse, le prince Humbert et une foule d'autres princes y assistaient.

Un escalier couvert de fleurs et rappelant celui de la cour du Cheval-Blanc à Fontainebleau, avait été construit pour relier la salle des Maréchaux au jardin réservé.

Cette nuit du 11 juin 1867 était superbe et permettait aux invités de venir circuler au milieu des parterres et des pelouses admirablement illuminés. Des musiques des régiments de la Garde dissimulées dans les quinconces répondaient aux divers orchestres et aux chœurs de l'Opéra placés dans les salons, et la réverbération des foyers de lumière électrique mêlés aux parfums des bosquets achevaient de donner à cette belle fête un aspect vraiment féerique.

Nous avons dit que le czar habitait l'Élysée. Un peu avant dix heures, un peloton de lanciers de la Garde, dont je faisais partie en qualité de maréchal des logis, et commandé par le lieutenant Bégouen, était venu se ranger en bataille, dans la cour du palais, derrière la voiture qui attendait l'empereur, pendant que le poste, composé d'une compagnie de voltigeurs de la Garde, avec le drapeau, prenait place aussi dans l'intérieur.

A dix heures sonnantes le suisse, placé sous le péristyle, donna un coup de hallebarde, les tambours battirent « aux champs », le drapeau s'inclina et le czar, accompagné des deux grands-ducs, parut. Il était, ainsi que ses fils, en habit noir, culotte courte et bas de soie noire, et portait le grand cordon de la Légion d'honneur. C'était un homme superbe, à la stature imposante, et personnifiant bien l'autocrate de toutes les Russies.

L'empereur et les czarewitz montèrent dans la voiture avec le général Le Bœuf et l'on sortit au grand trot du palais.

Un piqueur avait pris la tête de l'escorte, et, au lieu d'aller aux Tuileries par la rue de Rivoli, tourna à gauche pour se diriger par la rue Royale vers la Madeleine.

Le cortège suivit ensuite les boulevards, la rue de Richelieu qu'il descendit jusqu'au Palais Royal, traversa cette place, puis celle du Carrousel et vint entrer aux Tuileries par le quai et le guichet de l'Empereur.

Cet itinéraire, qui certainement n'était pas le plus court, devait-il déjouer un nouveau complot contre la vie du czar, ou seulement lui faire admirer Paris resplendissant de lumière? Personne ne le sut.

L'empereur de Russie resta au bal jusqu'à quatre heures du matin. Sa voiture vint l'attendre, à cette heure matinale, sous le pavillon de l'Horloge, et, suivie de son peloton de lanciers, s'engagea, pour gagner l'Élysée, dans la grande avenue du jardin des Tuileries. Sous les grands arbres séculaires était rangé, jusqu'à la grille du pont tournant, un bataillon du régiment de gendarmerie à pied de la Garde, sans fusils, la buffleterie jaune tranchant sur la grande capote noire, coiffé du haut bonnet à poil, tous les hommes immobiles et la main à la coiffure. Le jour commençait à poindre, et le peloton de lanciers en uniforme blanc, escortant au trot la voiture, jetait une note claire sur ce tableau sévère et vraiment imposant, que complétait le bruit des tambours du poste de la grille battant « aux champs » au moment où la voiture se présenta pour entrer sur la place de la Concorde.

L'empereur Alexandre quitta Paris le 12 juin, et le roi de Prusse le 14. Les trois souverains qui se sont trouvés réunis aux Tuileries pendant le mois de juin de cette brillante année 1867 sont morts. L'un les jambes broyées par les bombes des nihilistes, l'autre sur la terre d'exil, tué autant par le chagrin que par le chloral administré à trop fortes doses par les médecins anglais. Le troisième s'est éteint lentement, nonagénaire, le front ceint à son tour de la couronne impériale, et dans toute la gloire d'un triomphe inespéré.

Quant au palais témoin de ces splendeurs, la torche des communards devait, quatre ans plus tard, le réduire en cendres sous les yeux de l'ennemi. Ce qui restait des murs du château a été conservé pendant plusieurs années; la République semblait hésiter devant ces ruines qui rappelaient plus de trois cents ans de l'histoire de France. Les Tuileries n'avaient-elles pas abrité, à un moment, la Convention, les *grands ancêtres*, les *géants* de 93, comme on les appelle volontiers aujourd'hui? La haine des rois l'emporta, et un beau jour la pioche des démolisseurs du Conseil municipal jeta au vent les derniers vestiges d'une époque où la France était encore la grande nation, et son souverain l'arbitre de l'Europe[1].

1. Le roi de Wurtemberg, le roi et la reine de Portugal, le roi des Belges, le roi de Bavière et le roi de Suède se montrèrent tous aux Tuileries, soit en juillet, soit en août 1867.

Le sultan Abdul-Aziz, venu aussi en juillet, devait être assassiné quelques années plus tard dans son palais, et le roi Louis II de Bavière se noyer ou être noyé dans le lac de Starnberg.

CHAPITRE IV

Arrivée à Paris du sultan Abdul-Aziz. — La distribution des récompenses aux exposants et la revue aux Champs-Élysées. — L'empereur d'Autriche à Paris. — Le banquet du 15 août dans la Garde. — Les manœuvres à la Solle, près Fontainebleau. — Le maréchal Bazaine est nommé au commandement de la Garde. — L'Empire libéral et le ministère Ollivier. — L'affaire Victor Noir (janvier 1870). — Les réunions publiques et la colonne Vendôme. — Le colonel Dupressoir des cuirassiers de la Garde à l'enterrement de Victor Noir. — Le maréchal Canrobert. — Une visite de Napoléon III à l'École-Militaire le lendemain de l'enterrement de Victor Noir. — Arrestation de Rochefort. — Mon escadron à Saint-Cloud. — Le plébiscite. — La déclaration de guerre (19 juillet 1870). — L'Empereur n'était pas forcé de faire la guerre dans un intérêt dynastique. — Sa lettre au général d'Autemarre.

Le 30 juin, le sultan Abdul-Aziz arrivait à Paris accompagné de son fils et de ses deux neveux. Il fut reçu aux Tuileries avec le même cérémonial que le czar et le roi de Prusse, et fut logé à l'Élysée.

Le 1ᵉʳ juillet, à deux heures de l'après-midi, l'Empereur avec l'Impératrice sortirent des Tuileries, et le sultan, du palais de l'Élysée, chacun dans une superbe voiture, traînée par huit chevaux tenus en main par des piqueurs, et se rencontrèrent au palais de l'Industrie pour la distribution des récompenses aux exposants. Pour cette cérémonie, dont la pompe dépassait tout ce qu'on pouvait imaginer, quatre escadrons de notre régiment escortaient, avec les cent-gardes, les voitures des deux souverains. Mon escadron suivait l'Empereur, et jamais je n'oublierai l'aspect que présentait ce jour-là la place de la Concorde.

La revue en l'honneur du sultan eut lieu aux Champs-Élysées.

Pour le défilé, l'Empereur et le Chef des croyants se placèrent devant la grande porte du Palais de l'Industrie, et les troupes descendirent en colonne les Champs-Élysées, pour passer devant Napoléon III et Abdul-Aziz. Les garnisons de Paris et de Versailles assistèrent seules à cette revue. La garde nationale, dont la tenue avait été assez médiocre le jour de la distribution des récompenses, — elle formait la haie dans une partie des Champs-Élysée, — ne fut pas conviée à la revue du sultan.

Au mois d'octobre, nous quittions Paris pour

aller tenir garnison à Melun, et les dragons de l'Impératrice à Fontainebleau. Le ministre de la guerre, le maréchal Niel, pensa à cette époque à rajeunir les cadres, et il rendit un décret qui nous fit recevoir en arrivant dans notre garnison une classe de conscrits. Cette mesure fut mal accueillie dans la Garde. Elle était, en effet, contraire à l'institution de ce corps d'élite. Cependant, beaucoup de nos hommes étaient fatigués par leurs longs services, leurs campagnes et leurs blessures. La venue de jeunes gens choisis avec soin dans le contingent ne pouvait manquer, selon nous, d'infuser un nouveau sang à une troupe un peu épuisée. Napoléon Ier en agissait de même lorsqu'il créait les vélites de la Garde.

Dans les premiers jours d'octobre, l'empereur d'Autriche vint à son tour rendre visite à Napoléon III, et on renouvela, à cette occasion, à Longchamp, la grande revue du 6 juin. Notre régiment vint à Paris pour cette revue, ainsi que tous les régiments de la Garde. Je me souviens qu'en arrivant à notre hauteur, François-Joseph arrêta un instant son cheval et, se tournant vers l'Empereur, sembla lui demander quelques explications sur notre uniforme, dont la couleur blanche l'avait sans doute frappé.

La mort de l'infortuné empereur Maximilien,

qui fut connue de Napoléon III le 1ᵉʳ juillet, au moment où il allait se rendre au palais de l'Industrie, s'opposa à ce que le passage de François-Joseph fût marqué par des bals et des réjouissances. Les réceptions et les chasses eurent un caractère tout intime.

En parlant de mon régiment, j'ai omis de rappeler le banquet qui, tous les ans au 15 août, réunissait dans la cour du quartier tous les hommes et leurs chefs. Des tables étaient dressées, et le buste de l'Empereur entouré de drapeaux et de feuillages était placé au centre. Le colonel et le corps d'officiers en grande tenue venaient assister à cette fête. Au dessert, le chef de corps levait son verre et portait la santé de Leurs Majestés; la musique jouait l'air de la *Reine Hortense* et tous debout nous poussions le cri de : « Vive l'Empereur! » auquel s'ajoutaient les noms de l'Impératrice et du *petit Prince*.

La brigade se rendait assez souvent, avant l'inspection générale, au terrain de la Solle, près de Fontainebleau. Ces manœuvres consistaient à faire ce qu'on appelait alors la *petite guerre*.

Nous partions de Melun en tenue de route, munis de cartouches à blanc.

On suivait religieusement la grande route en colonne par quatre, sans détacher de flanqueurs, sans envoyer ni reconnaissances, ni *pointes d'officiers* (chose tout à fait inconnue à cette époque). On se contentait de faire précéder notre peloton de sapeurs[1] qui marchait devant les trompettes, par une avant-garde composée de quatre hommes et un brigadier; les deux hommes de pointe ayant la lance croisée. L'arrière-garde se composait également de quatre hommes et un brigadier, mais alors les deux cavaliers d'extrême arrière-garde faisaient *en arrière à droite lance*.

Voilà comment on marchait à l'ennemi en l'an de grâce 1867. Du reste, pendant tout le temps que j'ai été sous-officier, c'est-à-dire pendant quatre ans, je ne me souviens pas d'avoir placé une seule fois une vedette ni fait de service en campagne. On se bornait à aller *pistoleter* contre les dragons de l'Impératrice sur le terrain de la Solle et ensuite on les chargeait en ligne ou en colonne, suivant le cas. Le général Lepic, qui commandait notre brigade, présidait à ces *jeux guerriers* et en était l'arbitre. Lorsque la ma-

---

1. Nous avions un peloton de douze sapeurs qui fut supprimé en 1868. Ils avaient de longues barbes et étaient choisis parmi les meilleurs soldats du régiment. Ils portaient une hache en sautoir. A la formation, leur brigadier était un superbe nègre dont le visage noir tranchait sur l'habit blanc. Il a pris son congé en 1859, après la guerre d'Italie.

nœuvre était terminée les officiers et les sous-officiers des deux régiments se groupaient autour de tables dressées pour les premiers par le service du *mess*, pour les seconds par les cantinières, qui portaient ce jour-là leur élégant costume, et on lunchait gaîment avant de regagner la garnison. Si tous ces exercices militaires n'étaient pas très sérieux, ces réunions entretenaient l'esprit de corps et la confraternité entre les régiments et en tous les cas elles conservaient cette vieille gaîté qui malheureusement tend à disparaître de l'armée française.

En octobre 1869 nous revenions tenir garnison à Paris, sans penser que c'était pour la dernière fois.

Le maréchal Regnaud de Saint-Jean-d'Angély venait de mourir. L'Empereur nomma pour le remplacer le maréchal Bazaine. Comment le spectre de Queretaro ne s'est-il pas dressé devant Napoléon III au moment où il signa le décret qui appelait au commandement de sa Garde celui qu'on nommait déjà *l'homme du Mexique* avant qu'on l'appelât *l'homme de Metz !*

Mais, hélas ! nous touchons aux grandes catastrophes. L'Empereur de 1869 n'est plus l'Empereur de 1852. L'âge et la maladie surtout lui ont enlevé l'énergie nécessaire et il n'a gardé que sa bonté et sa générosité qui sont ses qualités maîtresses.

Napoléon III avait écrit de sa prison de Ham : « *Marchez à la tête des idées de votre temps, elles vous soutiennent. Marchez à leur suite, elles vous entraînent. Marchez contre elles, elles vous renversent.* »

Cet axiome avait servi de règle de conduite à son gouvernement, aussi ses adversaires ne l'eussent-ils jamais renversé sans le concours de l'étranger.

Acclamé par le suffrage des masses, ayant conservé leur entière confiance, comme le plébiscite de 1870 devait bientôt le prouver, Napoléon III, dans sa générosité, ne se crut pas tenu seulement d'exécuter leurs désirs, mais encore de les devancer. Il abandonna donc, au désespoir de ses amis véritables, le régime autoritaire et il fit appeler M. Émile Ollivier, l'ancien orateur de l'*opposition des Cinq*.

Un soir, le futur président du conseil se glissait, guidé par M. Pietri, auprès de l'Empereur, alors à Compiègne, et, le 28 décembre 1869, les ministres remettaient leur démission.

Le 2 janvier 1870, date à jamais funeste pour notre pays, l'Empire libéral était inauguré.

Le nouveau ministère se trouvait ainsi composé :

M. Émile Ollivier, ministre de la justice, président du conseil. Le comte Napoléon Daru succédait à M. de la Tour d'Auvergne aux affaires étrangères. M. Chevandier de Valdrôme était nommé ministre de l'intérieur en remplacement de M. Forcade de la Roquette. M. Buffet prenait la place de M. Magne aux finances. M. Segris remplaçait M. Bourbeau à l'instruction publique. Les autres ministres étaient : le maréchal Le Bœuf à la guerre, l'amiral Rigault de Genouilly à la marine, M. de Talhouët aux travaux publics et le ministère des beaux-arts était créé pour M. Maurice Richard.

Le ministère avait à peine eu le temps de lire sa déclaration aux Chambres, que le 10 janvier, vers quatre heures de l'après-midi, une terrible nouvelle courait dans Paris. Elle se traduisait par ces mots : « Le prince Pierre Bonaparte vient d'assassiner Victor Noir. » Cette phrase était prononcée avec un certain plaisir pour les uns, avec un étonnement mêlé de tristesse pour les autres. En effet, pour les révolutionnaires de toute nuance et pour les gens de l'opposition appartenant aux anciens partis monarchiques, ce tragique événement devait, dans leur pensée, déconsidérer la famille impériale et hâter la chute d'un régime qui n'avait que trop duré au gré de leurs appétits.

Avant d'aller plus loin, il est nécessaire d'exposer aussi succinctement que possible ce qui avait amené le prince à faire un si terrible usage du revolver que, depuis un long séjour en Amérique, il portait toujours sur lui.

A la suite d'un article publié par le prince Pierre dans un journal, *l'Avenir de la Corse*, article dans lequel il ne prodiguait pas des douceurs aux républicains de ce pays, M. Louis Thomasi, bâtonnier de l'ordre des avocats, avait répliqué au prince, lui rappelant qu'en mars 1848 il n'était pas de cet avis lorsqu'il avait sollicité les suffrages de ces mêmes républicains. Cette polémique avait été soulignée dans la *Marseillaise*, le journal fondé depuis peu à Paris par Henri Rochefort, et le prince, heureux de prendre à partie l'insulteur quotidien de l'Empereur et de l'Impératrice, lui adressa un cartel qui était, il faut le reconnaître, d'une forme assez inusitée : « Si par hasard, écrivait-il, vous consentez à tirer les verrous protecteurs qui rendent votre honorable personne deux fois inviolable, vous ne me trouverez ni dans un palais ni dans un château. J'habite tout bonnement, 59, rue d'Auteuil, et je vous promets que, si vous vous présentez, on ne vous dira pas que je suis sorti. »

Le lundi 10 janvier, Rochefort envoya deux

témoins au prince. C'étaient Millière, gérant, et Arthur Arnould, rédacteur de la *Marseillaise*.

A peine étaient-ils arrivés devant le logis du prince qu'ils en virent sortir un homme pâle qui criait : « N'entrez pas, on assassine ici! » Cet homme était M. Ulric de Fonvielle.

Pour comprendre ce qui s'était passé, il faut savoir que M. Paschal Grousset, Corse d'origine, correspondant de la la *Revanche de Bastia* et avide de saisir l'occasion d'attirer l'attention sur son nom, avait prié deux de ses amis, M. Ulric de Fonvielle et Louis Salmon, dit Victor Noir, d'aller demander au prince rétractation de l'article paru dans l'*Avenir de la Corse* ou réparation par les armes. Voilà comment ces deux témoins se trouvaient précéder ceux de Rochefort.

Le prince, s'adressant à MM. de Fonvielle et Noir, leur dit :

— Vous venez de la part de Rochefort?

— Non, nous venons de la part de M. Paschal Grousset.

— J'ai provoqué M. Rochefort, dit le prince, parce qu'il est le porte-drapeau de la crapule. Quant à M. Grousset, je n'ai rien à lui répondre. Est-ce que vous êtes solidaires de ces *charognes*?

A ce mot, d'après le récit du prince, Victor Noir lui aurait donné un soufflet; mais, d'après

M. de Fonvielle, Noir aurait seulement répondu : « Nous sommes solidaires de nos amis », et, ces paroles à peine prononcées, le prince l'aurait souffleté et lui aurait déchargé en même temps son revolver à bout portant et en pleine poitrine. Noir chancela, recula jusqu'à la porte et descendit péniblement l'escalier au bas duquel il expira.

Pendant ce temps, Ulric de Fonvielle, qui avait sorti un revolver de sa poche, essuyait, sans être blessé, le feu du prince, et, blotti derrière un canapé, essayait de faire marcher la batterie de son pistolet. Voyant qu'il n'y parvenait pas, il gagna la porte et s'enfuit en criant : « A l'assassin ! »

« Au moment où je sortais, raconte-t-il, un second coup de feu partit et traversa mon paletot. »

Ce paletot! on ne le croirait jamais, les manifestants devaient deux jours après s'en disputer les morceaux comme une relique.

L'Empereur apprit la mort de Victor Noir en revenant de Saint-Cloud.

Il donna l'ordre de faire arrêter immédiatement le prince, qui fut écroué à la Conciergerie le soir même.

On voit qu'au lieu d'être un assassin, le prince Pierre avait manqué d'être assassiné. Que penser en effet de cette procession de témoins qui vont pour régler une affaire d'honneur avec des revolvers dans leurs poches, et qui, sur un mot un peu vif, il faut en convenir, soufflettent chez lui l'homme qui les reçoit?

Le prince comparut le 21 mars devant la haute cour réunie à Tours et présidée par M. Glandaz. Son innocence y fut proclamée, mais il dut payer 25 000 francs de dommages et intérêts à la famille de Salmon, dit Victor Noir.

Ce verdict du haut jury servit de thème pendant longtemps à toutes les diatribes de l'opposition. En somme, il n'y avait eu qu'un témoin du drame : M. de Fonvielle, et certainement le vieil axiome : *Testis unus, testis nullus* [1] ne fut pas étranger à l'acquittement du prince.

Selon nous le prince s'est trouvé dans le cas de légitime défense et autorisé à repousser la force par force.

C'était une chose si inespérée après dix-huit ans de calme, que ce classique cadavre apparaissant, inopinément, et l'occasion de le promener dans Paris en criant : « Vengeance! » était si belle que les révolutionnaires ne se sentaient pas de joie. Leurs journaux contenaient de véritables appels aux armes, et les réunions pu-

---

1. Le témoignage d'un seul n'est pas un témoignage.

bliques par la bouche de nombreux énergumènes, débris de 1848, venaient verser à flots de l'huile sur un feu qui n'avait pas besoin d'être avivé.

Entre autres aménités, on déclarait dans ces réunions publiques qu'il fallait renverser la colonne Vendôme pour en faire des gros sols. Les bons bourgeois de Paris en lisant cela dans leurs journaux haussaient les épaules en riant, et disaient que le gouvernement faisait imprimer ces choses pour agiter bêtement le spectre rouge. Ils ont vu, à la Commune, si ces messieurs craignaient de passer de la théorie à la pratique.

Mais les Français, et en particulier les Parisiens sont incorrigibles. J'en ai entendu depuis, qui disaient, sans rire, que c'était la police qui avait fait déboulonner la colonne.

Victor Noir avait été porté à son domicile à Neuilly, et la loi voulait qu'il fût inhumé dans le cimetière de cette localité.

Le corps était gardé par la police, car les camarades du défunt parlaient, dès le soir même, de le transporter à la lueur des torches aux bureaux de la *Marseillaise*.

Ils n'en firent rien, mais les *frères et amis* ne trouvaient pas leur compte à des funérailles sans éclat et éloignées du centre de Paris. Ils avaient donc décidé qu'ils se transporteraient en nombre à la maison mortuaire, ramèneraient le corps par les Champs-Élysées, et qu'on lui ferait traverser Paris en grande pompe pour aller l'inhumer soit au cimetière de Montmartre, soit au Père-Lachaise.

La révolution devait tout naturellement sortir de cette grande manifestation et balayer en quelques heures un gouvernement qui asservissait la France et était la négation de tout progrès intellectuel et moral.

L'Empereur et son entourage ne partageaient pas cette manière de voir et les mesures militaires les plus sérieuses avaient été prises pour étouffer dans son germe tout mouvement insurrectionnel.

Comme je l'ai dit plus haut, mon régiment était caserné à l'École-Militaire. Un peu avant l'affaire Victor Noir, l'effervescence étant déjà très grande à Belleville et à Montmartre, où les réunions publiques faisaient rage, on avait formé au régiment quatre escadrons sur le pied de guerre, et fait venir quatre escadrons des dragons de l'Impératrice formés de même. Les dépôts de la brigade avaient été envoyés à Meaux. Saint-Germain devenant vacant, on y avait appelé les cuirassiers de la Garde, commandés par le colonel Dupressoir. Ce colonel était, suivant l'expression de Victor Hugo, dans son récit de Waterloo, un homme géant monté sur un cheval colosse.

Un de ses officiers m'a raconté en Allemagne pendant notre captivité que, le jour de l'enterrement de Victor Noir, le colonel descendait vers quatre heures du soir du rond-point de Courbevoie à la tête de son régiment pour prendre les manifestants en queue et contribuer à leur dispersion s'ils venaient à se porter par les Champs-Élysées sur les Tuileries. A hauteur du pont de Neuilly, un citoyen surexcité, autant par ses nombreuses libations que par la politique, s'approcha du colonel et se mit à l'insulter grossièrement. Ce dernier n'y prit d'abord pas garde et continua à s'avancer lentement avec le calme que donne le sentiment de la force.

A un certain moment l'homme vint jusqu'à le toucher et étendit la main pour saisir la bride de son magnifique cheval noir, lequel était légendaire dans la cavalerie de la Garde. M. Dupressoir se contenta de lever son formidable poing, et sans rien dire le laissa retomber sur la face de l'homme qui s'affaissa. Il fut immédiatement emporté par ses camarades chez un marchand de vin et on apprit le lendemain qu'il était mort dans la nuit.

Indépendamment de ces trois régiments de la

Garde, il y avait dans la capitale, en fait de cavalerie, la garde de Paris à cheval (cinq escadrons) et une brigade de hussards; de plus, à Versailles, une division de cavalerie. Deux régiments de cette division occupaient, le jour des funérailles, le palais de l'Industrie. Nous ne parlerons ni de l'infanterie ni de l'artillerie qui étaient en proportion.

Dès le matin du 12 janvier, jour fixé pour l'enterrement, les manifestants s'étaient dirigés par petits groupes vers la demeure de Victor Noir, située à Neuilly, passage Masséna, rue Perronnet. Vers deux heures, on peut dire sans exagérer qu'ils étaient près de deux cent cinquante mille. A ce moment le rédacteur de la trop célèbre *Lanterne*, qui était l'âme du mouvement, se sentit subitement indisposé. « Citoyen, lui dit alors Briosne, l'orateur des réunions publiques, on n'attend que votre signal, voulez-vous marcher sur Paris? » Cournet, bouillant, emporté, était de cet avis. Delescluze, plus prudent, redoutant l'impossibilité matérielle de la lutte, se prononçait pour la négative. Bref, il fut convenu qu'on parlerait au peuple, et Louis Noir, frère de Victor, entraînait Rochefort chez une dame demeurant au second de la maison du défunt, d'où les orateurs pouvaient plus facilement être entendus.

On prêcha alors la modération et le retour calme à Paris. Gustave Flourens seul n'était pas de cet avis et fit tous ses efforts pour engager le peuple à profiter d'une occasion qu'il ne retrouverait pas de longtemps, et à porter de gré ou de force le corps au Père-Lachaise.

Enfin on se décida, après une sorte de lutte autour du cercueil, à aller au cimetière de Neuilly.

Rochefort suivit le convoi avec Ulric de Fonvielle dont on déchira alors le fameux paletot.

Rochefort à ce moment, pressé et succombant sous trop d'émotions, s'évanouit. On le transporta chez un épicier de l'avenue. A la vue de cette nouvelle faiblesse, les manifestants se décidèrent enfin à rentrer à Paris en braillant tous les chants révolutionnaires dont la gamme commence à la *Marseillaise* pour finir au *Ça ira*.

Un de leurs poètes avait même composé une bien mauvaise cantate, qui pendant longtemps provoqua, parmi les habitués des marchands de vin, de frénétiques applaudissements. Son refrain était :

> Nous étions là cent mille
> Étouffant nos sanglots,
> Prêts à mourir debout
> Devant les chassepots !

Ils ne moururent pas, mais, en approchant du rond-point des Champs-Élysées, la route leur fut barrée par deux escadrons de hussards qui, après les sommations légales, les chargèrent vigoureusement. La colonne se dispersa. Dans le trouble qui suivit cette intervention de la force armée, de nombreux manifestants allèrent prendre un bain dans les bassins du rond-point, ce qui, vu la saison, dut singulièrement rafraîchir leur enthousiasme révolutionnaire.

A quatre heures nous sortîmes de l'École-Militaire pour aller avec les dragons de l'Impératrice prendre position sur l'Esplanade des Invalides. Nous y fûmes, peu d'instants après, renforcés par les deux régiments d'artillerie de la Garde venus de Versailles. De plus, la division de grenadiers occupait le jardin des Tuileries et une partie des voltigeurs gardait les abords de la Chambre des députés, pendant que le reste de la division était demeuré en réserve à l'École-Militaire. Vers cinq heures, les manifestants, revenant par le pont des Invalides, passèrent devant nos escadrons qui bordaient le quai d'Orsay. Ces citoyens portaient presque tous la fleur d'immortelle à la boutonnière et lançaient à nos hommes impassibles des regards insolents et provocateurs. On sentait que la moindre étincelle pouvait mettre le feu aux poudres, et je crois être certain que l'issue de la lutte n'eût pas été douteuse. Il est peut-être regrettable qu'une insurrection n'ait pas éclaté à Paris à ce moment.

L'Empire, à la suite d'une répression rapide et vigoureuse, aurait évité probablement les embarras qui suivirent et la guerre avec l'Allemagne. Il nous aurait assuré pour de longues années encore l'ordre et la paix.

Le maréchal Canrobert commandait à cette époque l'armée de Paris. L'opposition lui a-t-elle assez reproché son fameux *ran!* On alla même jusqu'à l'appeler le maréchal *Ran* de même qu'on disait, dans la *Grande-Duchesse*, le général *Boum*. Était-il donc si coupable, le brave maréchal, en prononçant ce mot? Non, cent fois non. Il voulait indiquer de quelle façon énergique il comptait agir, si les manifestants, passant de la parole aux actes, venaient en tuant un de ses soldats à lui fournir aussi un cadavre. « J'attends mon cadavre, disait-il à ses officiers, et alors en avant les chassepots, et *ran!* »

En mars 1871, lors de la manifestation de la rue de la Paix, on vit les communards mettre moins de formes dans leur manière d'agir et tirer sans hésiter sur des gens désarmés. Que diraient-ils à l'heure présente, les amnistiés de cette Commune et leurs élèves et partisans, si on recevait de la même façon les manifestations qu'ils improvisent et renouvellent à tout propos avec déploiement de drapeaux rouges au Père-Lachaise et ailleurs?

J'ai souvent entendu soutenir que si, en janvier 1870, l'Empereur et son gouvernement avaient agi avec prudence et modération, quelques-uns disaient avec faiblesse, l'esprit des troupes en était la cause. Ceci est tout à fait inexact, et j'en veux pour preuve la visite inopinée que l'Empereur fit à l'École-Militaire le lendemain de l'enterrement.

Il était près de onze heures du matin, les hommes venaient de manger la soupe et se livraient dans les chambres à leurs travaux habituels. Tout à coup et avec la rapidité de l'éclair, la nouvelle se répandit que l'Empereur était dans le quartier. Il avait laissé sa voiture à la grille de la cavalerie, et, en bourgeois, suivi d'un seul aide de camp, il se dirigeait à pas lents vers la cour d'honneur où se formait, pour aller aux Tuileries, la garde montante.

L'École-Militaire, depuis la veille, était littéralement bondée de troupes. Les cuirassiers de la Garde et l'artillerie avaient établi leurs bivouacs dans toutes les cours, et les grenadiers venus de

Rueil et de Courbevoie campaient jusque dans les corridors.

En un instant l'Empereur fut entouré par les soldats des différentes armes qui accouraient de tous côtés.

Les gardes d'écurie, dans leur tenue peu élégante, étaient mêlés à ceux qui, descendus en courant, achevaient de passer leur veste; les cuisiniers mêmes quittaient leurs fourneaux. Tout ce monde se bousculait, agitait calottes et bonnets de police et poussait sans s'arrêter des cris de : « Vive l'Empereur ! » comme certainement Napoléon III en avait rarement entendu. Dans la cour d'honneur, la garde montante s'était rapidement formée et, lorsque l'Empereur parut, elle présenta les armes et la musique joua l'*air de la reine Hortense*. A ce moment les cris redoublèrent et l'Empereur fut tellement entouré et pressé, que les officiers du maréchal commandant la Garde, logé à l'École-Militaire, et qui venait d'accourir, durent user de toute leur autorité pour permettre à l'Empereur d'avancer. Je le vis ce jour-là de bien près et pendant assez longtemps, car il mit près d'une demi-heure pour traverser les cours et gagner la porte de l'artillerie, où son coupé était venu l'attendre. Son visage respirait le contentement le plus parfait, et on y lisait le bonheur de recevoir ces marques d'un dévouement qu'il était en droit de croire sincère et, en tout cas, bien spontané. Ce tourbillon de soldats de toutes armes, et dans les tenues les plus diverses, s'engouffra à sa suite sous la voûte, fit irruption sur la chaussée et entoura sa voiture. Au moment où l'Empereur se disposait à y monter, un grenadier d'une taille gigantesque, chevronné, la poitrine couverte de médailles, et que je vois encore, ouvrit la portière et s'écria d'une voix de stentor en agitant son bonnet de police : « Oui, S. D. Vive l'Empereur et quand même! — Bien, mon ami, » répondit l'Empereur en souriant avec l'air de bonté qui lui était naturel.

La voiture partit au grand trot, saluée des mêmes cris frénétiques qui n'avaient cessé de retentir pendant toute cette visite. Nous demanderons maintenant à ceux qui doutaient de l'esprit des troupes, si on pouvait compter sur des soldats animés de sentiments pareils.

Deux de mes parents, officiers dans des régiments en garnison à Paris, à cette époque, m'ont raconté que l'Empereur et l'Impératrice avaient été reçus de la même façon aux casernes Napoléon et du Prince-Eugène occupées par des régiments de la ligne.

Le 22 janvier, Rochefort, après une autorisation de poursuites votée par la Chambre, avait été condamné ainsi que Paschal Grousset à six mois de prison et 3000 francs d'amende. M. Émile Ollivier, garde des sceaux et président du conseil, réclamait l'exécution du jugement, et la Chambre, le 7 février, adopta par 191 voix contre 45 l'ordre du jour proposé par le ministre.

Le député de Belleville sortit du palais législatif sans être inquiété, mais il fut arrêté, 51, rue de Flandre, à huit heures du soir, au moment où il allait entrer à la salle de la *Marseillaise* pour faire avec Flourens une conférence au profit d'un détenu politique.

A la suite de cette arrestation, Flourens chercha dès le soir même à organiser la résistance et de nombreuses barricades furent construites à Belleville. La police, secondée par la garde de Paris, eut promptement raison de ces tentatives qui se renouvelèrent cependant les jours suivants.

Le 8 février à onze heures du soir, le régiment des lanciers de la Garde monta à cheval par alerte et sortit de l'École-Militaire. Arrivé place de la Concorde on fit former les pelotons et charger les armes. Le régiment se rendit alors place Vendôme. Les escadrons s'établirent en carré autour de la colonne où, après avoir mis pied à terre, ils restèrent jusqu'au matin, prêts à tout événement.

Pendant ce temps l'émeute grondait dans les quartiers excentriques, mais grâce aux mesures prises elle ne se propagea pas.

La nuit était froide, et je me rappelle que les prolonges du train de la Garde nous apportèrent du bois avec lequel on fit de nombreux feux de bivouac.

Millière, Delescluze et Flourens, dont il a été question dans ce récit, finirent tragiquement à la Commune. Millière fut passé par les armes au Panthéon, Delescluze périt sur une barricade ; quant à Flourens, il eut la tête fendue par le sabre du capitaine de gendarmerie Desmaret dans un des premiers engagements des communards avec l'armée de Versailles. Il mourut sur le coup. La troisième république a fait de son frère notre ministre des affaires étrangères en 1886.

Au mois d'avril la Cour allait à Saint-Cloud. Mon escadron y fut détaché pour faire le service auprès de l'Empereur. Nous étions casernés au bas de la rampe qui mène au château.

Lorsque par hasard je restais le soir au quartier, je me souviens du plaisir que j'éprouvais à me mettre à la fenêtre de ma chambre. J'apercevais les beaux arbres touffus du parc, le ciel rempli d'étoiles, et lorsque, par une belle soirée, le son des cors de la Vénerie de l'Empereur, se répondant dans les bois, venait à frapper mon oreille, je ressentais un charme indéfinissable. Je me croyais à cent lieues de la grande ville et ma pensée, s'égarant dans le rêve, abandonnait pour un instant les préoccupations nées des derniers événements politiques.

Les fanfares de chasse étaient-elles gaies, c'était l'Empire brillant, respecté et fort; devenaient-elles graves, elles semblaient sonner le glas funèbre et dire à la France : « Tu as été trop heureuse, tu es montée trop haut, il faut mourir. »

Tous les jours un sous-officier de l'escadron se rendait en grande tenue à quatre heures dans la cour du château pour chercher *le mot* qui se donnait avec une certaine solennité. Un adjudant des palais impériaux arrivait et ordonnait aux chefs des différents postes et au maréchal des logis de cavalerie de former le cercle. Des hommes de garde, placés également à douze ou quinze pas, faisaient face à l'extérieur et, au moment où le tambour battait, ils présentaient les armes.

L'adjudant donnait alors *le mot* à voix basse au sous-officier placé à sa droite, lequel le répétait à son voisin et successivement jusqu'à ce qu'il fût revenu à l'adjudant.

Un jour, allant chercher *le mot*, je m'approchai de la balustrade en pierre bordant la terrasse d'où l'on embrassait le superbe panorama formé par la Seine, Sèvres, Meudon, le bois de Boulogne et Paris à l'horizon. Malgré moi ma pensée se reportait au temps où Henri III avait à cette même place montré le poing à Paris révolté, Paris dont le poignard de Jacques Clément devait à tout jamais lui interdire l'entrée.

« *Paris chef du royaume*, s'était écrié le dernier Valois, *mais chef trop gros et trop capricieux, tu as besoin d'une saignée pour te guérir, ainsi que toute la France de la frénésie que tu lui communiques! Encore quelques jours et on ne verra ni tes maisons ni tes murailles, mais seulement le lieu où tu auras esté.* »

En mai 1870, Napoléon III n'assiégeait pas sa capitale, mais si la révolte n'avait pas éclaté sérieusement dans les rues, on peut affirmer qu'elle était dans l'esprit des Parisiens.

Le 8 mai, les chevaux sellés et paquetés, nous attendions le résultat du plébiscite. Si Paris n'était plus à l'Empereur, la France avait encore foi en lui.

Les résultats de cette consultation, selon nous bien inopportune, furent écrasants pour l'opposition.

7 336 434 *oui* contre 1 560 709 *non*, après dix-huit ans d'un régime qu'on prétendait fini, telle avait été la réponse du pays.

« Le 20 mai, dit M. J. Claretie dans son histoire de la Révolution de 1870-71, dans la grande salle des États au palais du Louvre, l'Empereur recevait la députation du Corps législatif qui venait lui remettre la déclaration officielle du recensement des votes du 8 mai.

« La députation avait à sa tête M. Schneider, président de la Chambre.

« Dans cette belle salle où l'or et la couleur éclatent sous les peintures de Müller, les sénateurs, les députés, les conseillers d'État en costumes dorés des grands jours, se montraient dans son habit de cérémonie M. Émile Ollivier, le héros de la journée plébiscitaire.

« L'assemblée entière était debout, tête nue, lorsque l'Empereur s'assit entre l'Impératrice et son fils, et le grand maître des cérémonies prononça pour la dernière fois les paroles sacramentelles que ne doit peut-être plus entendre la salle des États : « Messieurs, asseyez-vous. »

« M. Schneider alors, d'une voix grave, fit connaître à Napoléon III que la France remettait à sa dynastie une force et une autorité nouvelles, et l'Empereur répondait :

« Messieurs,

« En recevant de vos mains le recensement des votes du 8 mai, ma première pensée est d'exprimer ma reconnaissance à la nation, qui, pour la quatrième fois depuis vingt ans, vient de me donner un éclatant témoignage de sa confiance. »

« L'Empereur, après avoir exposé ensuite la marche qu'il devait suivre désormais dans le gouvernement de la France, terminait son discours par ces mots :

« Nous devons plus que jamais, aujourd'hui, envisager l'avenir sans crainte. Qui pourrait en effet s'opposer à la marche progressive d'un régime qu'un grand peuple a fondé au milieu des tourmentes politiques et qu'il fortifie au sein de la paix et de la liberté ? »

« L'Empereur ne se doutait pas alors que ce discours serait le dernier de son règne [1]. »

Deux mois en effet ne s'étaient pas écoulés que la guerre, qui devait amener la chute de l'Empire, éclatait entre la France et la Prusse. A cette époque personne ne prononçait le nom de l'Allemagne.

La candidature du prince de Hohenzollern au

---

1. *Histoire de la Révolution de* 1870-71, page 123, tome Ier.

trône d'Espagne fut le piège tendu par la Prusse à l'Empereur et à la France.

M. le prince de Bismarck n'a-t-il pas raconté il y a quelques années, à la tribune du Reichstag, qu'à Berlin on lui donnait depuis longtemps le conseil de *cogner* sur nous, et qu'il était obligé de calmer cette effervescence jusqu'au jour où l'occasion propice s'offrirait à lui de nous amener à l'attaquer ?

On eut le tort de tomber dans le piège du chancelier, surtout n'étant pas mieux préparé à la lutte.

La déclaration de guerre fut remise le 19 juillet 1870 à une heure et demie par M. Le Sourd, chargé d'affaires de France à Berlin, au ministre des affaires étrangères de Prusse.

Il ne restait plus qu'à laisser la parole à ces *agents de bronze*, qui, au temps de Louis XIV, portaient, gravés sur leur culasse, au-dessous de l'écusson fleurdelisé, ces terribles mots latins : *Ultima ratio regum*[1].

On a dit, écrit et répété à satiété depuis plus de vingt ans que l'Empereur avait fait la guerre dans un intérêt dynastique. Nous ne pouvons le croire un instant. Et si telle a été sa pensée, il

---

1. La dernière raison des rois !

fallait que la cruelle maladie à laquelle il a succombé eût complètement paralysé dès juillet 1870 ses facultés intellectuelles.

Comment, voilà un plébiscite qui lui donne *un brevet* de confiance, si j'ose m'exprimer ainsi, se traduisant par plus de 7 millions de voix ; il a en main à Paris une force militaire considérable sur laquelle il peut compter d'une façon absolue, nous l'avons suffisamment prouvé en racontant sa visite à l'École-Militaire au lendemain de l'enterrement de Victor Noir ; et c'est parce qu'il est attaqué par Rochefort et sa *Lanterne*, dans les réunions publiques et par quelques mauvais journaux, que la dynastie est perdue et qu'il faut faire la guerre pour la sauver ! Mais c'est absurde ! Tout ce monde serait rentré sous terre si l'Empereur avait seulement levé le doigt. On ne peut donc penser que ces quelques braillards mettaient le trône en péril. Nous sommes convaincu aussi que si Napoléon III, mieux inspiré, était resté à Paris, comme le lui commandait son état de santé, au lieu d'aller prendre le commandement de l'armée, le 4 septembre ne serait peut-être pas arrivé.

Non, l'Empereur n'a pas fait la guerre dans le but de sauver sa dynastie. Elle était bien loin d'être compromise. Étant donné l'esprit français, reculer devant l'Allemagne, même pour gagner du temps, était impossible sous peine de passer pour n'avoir pas souci de l'honneur national; et d'un autre côté, faire la guerre, c'était jeter le pays dans un abîme. Situation terrible et peut-être unique dans l'histoire !

Je vis revenir l'Empereur à Saint-Cloud le 19 juillet à 6 heures du soir, le jour de la déclaration officielle de la guerre. Jamais je n'oublierai son visage. Il était enfoncé dans sa voiture, pâle, la tête baissée, le regard fixe, dans l'attitude d'un véritable condamné à mort. On criait autour de lui : « Vive l'Empereur! à Berlin ! à Berlin! » Mais il pressentait déjà que tout était perdu.

La nation a entraîné l'Empereur dans cette funeste guerre, et, au risque de heurter la légende, il est bon de mettre le pays en présence de son affolement.

L'Empereur, dira-t-on encore, devait être prêt et ne pas s'en tenir à des rapports qui le trompèrent. Ceci est vrai. Mais allez donc être prêt avec un pays et une presse qui crient toute la journée contre le militarisme et une Chambre qui refuse de voter les subsides demandés par le maréchal Niel, sous prétexte qu'il veut *faire de la France une caserne*. M. Thiers, très écouté, s'écrie à la tribune que l'armée prussienne n'est nombreuse que sur le papier et que tout cela, c'est de la fantasmagorie.

Jules Simon, Ernest Picard, E. Pelletan, Jules Favre, Garnier-Pagès, qui unirent à cette époque leurs voix à celle de M. Thiers pour empêcher l'organisation de nos réserves, partageront avec lui devant l'histoire une terrible responsabilité. Il faut le dire bien haut, ces rhéteurs, dans leur haine aveugle de l'Empire et de l'Empereur, perdirent leur pays.

N'est-on pas même en droit de penser que sans nos désastres jamais une Chambre française n'aurait consenti à voter la loi militaire de 1872 et à plus forte raison la loi actuelle?

Seul de son entourage, l'Empereur ne voulait pas la guerre, pour laquelle il partit la mort dans l'âme.

Avant de s'éloigner, après avoir reçu les vœux du Sénat et du Corps législatif, l'Empereur adressa au peuple français une proclamation qui est trop connue pour que nous la reproduisions dans ces Souvenirs ; nous citerons seulement la lettre suivante adressée au commandant supérieur de la garde nationale, le général d'Autemarre.

« Palais de Saint-Cloud, 26 juillet 1870.

» Mon cher général,

« Je vous prie d'exprimer de ma part à la garde nationale de Paris combien je compte sur son patriotisme et son dévouement.

« Au moment de partir pour l'armée, je tiens à lui témoigner la confiance que j'ai en elle, pour maintenir l'ordre dans Paris et pour veiller à la sûreté de l'Impératrice.

« Il faut, aujourd'hui, que chacun, dans la mesure de ses forces, veille au salut de la patrie.

« Croyez, mon cher général, à mes sentiments d'amitié.

« NAPOLÉON. »

Le pauvre Empereur faisait appel au dévouement de la garde nationale! Mais quel souverain et quel régime cette malheureuse troupe a-t-elle donc jamais su défendre? Ce n'est, je pense, ni Louis XVI ni Louis-Philippe, et elle a fini dans la honte et dans le sang après avoir renversé la colonne Vendôme et brûlé Paris devant les Prussiens.

J'ai écrit, étant prisonnier en Allemagne, tout ce qui a trait à l'armée du Rhin et à la capitulation de Metz. C'est le simple récit d'un témoin occulaire qui s'est attaché à présenter les faits sans y faire intervenir la moindre fantaisie. Je n'ai porté aucun jugement ni sur les opérations militaires ni sur les chefs de l'armée, laissant ce soin à des plumes plus autorisées que la mienne.

Je me contenterai, avant de commencer cette page douloureuse de notre histoire, de dire avec le général Deligny[1] :

« Jamais, à aucune époque, la vaillance et la solidité des troupes n'avaient été mises à de si rudes épreuves... »

1. *Armée de Metz*, par le général Deligny, page 12.

CHAPITRE V

Visite du Prince impérial au quartier à Saint-Cloud. — Repas offert par lui à la garnison. — La *Marseillaise*. — Nous quittons Saint-Cloud. — Sarrebrück. — Mon impression en arrivant à Metz. — Le maître d'hôtel de l'hôtel de Paris. — Nous rejoignons le régiment à Courcelle-Chaussy. — Il pleut toujours. — Les mauvaises nouvelles. — Les bivouacs de Boucheporn et Longeville-lès-Saint-Avold. — Une alerte de nuit. — La retraite sur Metz. — Les paysans fuient l'invasion. — Le bivouac de Maizery. — Nous campons sous Metz. — Combat de Borny. — L'armée passe sur la rive gauche de la Moselle. — La nuit à travers Metz. — Le 15 août 1870. — Nous escortons l'Empereur le 16 août au matin. — Bataille de Rezonville. — Les cuirassiers de la Garde. — Nous chargeons la cavalerie prussienne.

J'étais donc maréchal des logis au 4ᵉ escadron du régiment des lanciers de la Garde impériale lorsque la guerre éclata au mois de juillet 1870. Comme je crois l'avoir dit, dans le chapitre qui précède, mon escadron avait été détaché pour faire le service à Saint-Cloud auprès de l'Empereur, et le reste du régiment était resté à Paris à l'École-Militaire. Nous étions casernés au bas de la rampe qui mène au château avec le 2ᵉ voltigeurs de la Garde.

Je me rappelle encore l'enthousiasme qui se manifestait tous les soirs lorsque, vers six heures, l'Empereur revenait de Paris. Quand sa voiture, attelée à la Daumont, montait lentement l'avenue du château, les soldats se mettaient aux fenêtres et un seul cri sortait de leurs poitrines, celui de : « Vive l'Empereur! »

Les habitants partageaient leur joie et saluaient aussi le souverain de leurs vivats.

Le jour de la déclaration officielle de la guerre, la joie fut au comble, partout où l'on se rencontrait, au café ou dans les rues, on se serrait les mains en se disant : « Eh bien! la chose est faite, nous partons! » et l'on ajoutait : « A Berlin! » Hélas! on était loin de présager les terribles événements qui devaient suivre.

Tous les corps d'armée se mirent successivement en route, puis vint le tour de la Garde qui présentait deux divisions d'infanterie, une de cavalerie et deux régiments d'artillerie de troupes superbes.

Les lanciers de la Garde partirent à leur tour.

Cependant une chose nous tourmentait, mes camarades et moi : le régiment était déjà à Metz et l'escadron de Saint-Cloud restait toujours ; mais comme l'Empereur et le Prince impérial n'étaient pas encore partis pour l'armée, nous nous consolions en pensant partir avec eux. Il fallait du reste que le service fût assuré au château jusqu'après leur départ, l'Impératrice devant y rester.

Quelques jours avant son départ pour l'armée, le Prince impérial descendit un soir du château vers cinq heures, accompagné d'un de ses aides de camp, le capitaine de frégate Duperré, pour visiter le quartier. Le pansage venait de finir. J'étais de semaine, et, *la giberne au dos*, je me trouvais sur la porte du quartier lorsque le Prince et son aide de camp se présentèrent.

En apercevant mon insigne de service, M. Duperré vint à moi, me priant de vouloir bien guider Son Altesse à travers les chambrées et les écuries. Je m'empressai de les précéder, tout en ayant soin d'envoyer un voltigeur du poste de police prévenir l'adjudant de son régiment.

Le Prince voulut d'abord visiter les écuries, pendant ce temps les hommes mettraient un peu d'ordre dans leur tenue et dans leurs chambres. Je marchais respectueusement à un ou deux pas du Prince, le bonnet de police à la main. Je me souviens qu'il était coiffé d'un chapeau haut de forme et vêtu d'une veste courte en drap noir qu'accompagnait un grand col blanc. Ce costume le faisait ressembler à un jeune Anglais. Il me parut en bonne santé, mais pas très grand pour son âge. Il avait un bon regard, très franc mais un peu rêveur. Le Prince, tout en marchant, adressait force questions à son aide de camp, et puis, je ne sais pourquoi, il me semblait que leur conversation avait trait aux graves événements qui se préparaient.

Le pauvre enfant paraissait tout fier à la pensée d'aller faire campagne. Tout à coup il se retourna vers moi assez vivement et les yeux tout brillants : « Vous savez, maréchal des logis, me dit-il, que je pars aussi, *moi*. » Il appuya sur le *moi*. « Je le sais, Monseigneur, lui répondis-je, et toute l'armée en est fière. » A ce moment l'adjudant-major des voltigeurs vint se mettre à la disposition du prince et nous montâmes dans les chambres. Les voltigeurs avaient eu le temps de passer leurs tuniques à brandebourgs jaunes et ils attendaient au pied de leur lit, les talons sur la même ligne et le bonnet de police à la main. L'entrée de Son Altesse fut saluée dans chaque chambrée par les cris très nourris de : « Vive l'Empereur! Vive le Prince impérial! » et lorsque le Prince redescendit il trouva tout le bataillon de voltigeurs et l'escadron de lanciers formant la haie, sans armes, jusqu'à la grille du quartier. Les cris de : « Vive le Prince impérial ! » redoublèrent à ce moment et l'accompagnèrent pendant qu'il gravissait la rampe qui mène au château. Le cher *petit Prince*, je le vois encore nous saluant en souriant et tout heureux de l'accueil chaleureux qui venait de lui être fait par les braves soldats de la Garde. Ces cris de : « Vive le Prince impérial ! » ce sont peut-être les derniers que le fils de Napoléon III ait entendus à Saint-Cloud.

Après nos désastres les ennemis de l'Empire ont tourné en ridicule ce jeune prince de quatorze ans emmené à l'armée *malgré son jeune âge*[1]. Si nous avions été vainqueurs on l'aurait couvert de lauriers. La veille de son départ, le Prince impérial offrit un déjeuner à toute la garnison de Saint-Cloud et au détachement de cent-gardes caserné à Sèvres. Des tables avaient été dressées à cet effet dans la cour du quartier et lorsque, la musique jouant l'*air de la reine Hortense*, il passa dans nos rangs revêtu de l'uniforme de sous-lieutenant, l'épée au côté et la médaille

---

1. Comme disait la proclamation de l'Empereur.

militaire sur la poitrine, je vis bien des yeux mouillés de larmes.

Quand le Prince se fut retiré, le chef de musique du 2º voltigeurs, M. Sellenick, sur la sollicitation de presque tous les assistants, fit jouer la *Marseillaise*. Ce chant qui, proscrit près de vingt ans, avait été autorisé de nouveau, était entendu par beaucoup d'entre nous pour la première fois. Exécuté par une des meilleures musiques de la Garde et dans la circonstance si solennelle de la déclaration de guerre, il fit sur nous une impression ineffaçable.

Puisque nous parlons musique, qu'on nous permette de rappeler que l'on faisait apprendre dans certains régiments, pendant le mois de juillet 1870, les airs nationaux des différents États de l'Allemagne du Sud. On pensait que, séparés de la Prusse dès l'ouverture des hostilités, ces pays, devenus alliés de la France, seraient charmés de cette attention musicale.

Le lendemain de ce banquet le jeune Prince et l'Empereur partaient pour l'armée; mais comme on craignait les accidents par suite de la foule qui se serait portée sur leur passage s'ils avaient traversé Paris, l'Empereur et son fils s'embarquèrent dans l'intérieur du parc dans un train spécial qui rejoignait la grande ligne sans revenir à Paris.

J'étais de garde au château ce jour-là et je vis arriver successivement le prince Napoléon et la princesse Clotilde, le maréchal Le Bœuf, MM. Émile Ollivier président du conseil et de Gramont, ministre des affaires étrangères : en un mot, tous les ministres qui venaient saluer à son départ celui qu'ils ne devaient plus revoir sur le trône.

A dix heures et demie du matin le train impérial quittait Saint-Cloud.

Mon escadron resta à Saint-Cloud jusqu'au 2 août, brûlant d'impatience de rejoindre l'armée du Rhin. Enfin 60 cavaliers fournis par le dépôt des dragons de l'Impératrice vinrent nous relever et le jour même l'escadron se mit en route pour la gare de l'Est où nous devions nous embarquer pour Metz. Avant de traverser Paris, nous fîmes une pause d'une heure à l'École-Militaire pour y prendre nos effets de campement. J'eus le temps d'aller faire mes adieux à mes parents. Déjà la nouvelle d'un premier avantage (la prise de Saarbrück) était connue. C'était là que le Prince impérial, d'après la dépêche de l'Empereur, avait reçu le baptême du feu. Je vois encore la joie de mes parents en apprenant cette victoire. L'assurance du succès était dans toutes les bouches, et moi-même en me séparant d'eux j'étais plein de confiance. Mon père, qui était lié depuis sa jeunesse avec le baron Larrey, fils du célèbre Larrey du premier Empire, m'avait remis pour le chirurgien en chef de l'armée du Rhin, la lettre suivante :

« Paris, 31 juillet 1870.

« Mon cher camarade,

« Je crois t'avoir parlé de mon fils aîné ; il part comme maréchal des logis dans les lanciers de la Garde, avec *l'espérance*, car il est proposé pour officier.

« J'espère que Dieu nous le ramènera d'abord avec ses quatre membres, ce à quoi je tiens le plus ; mais, s'il lui arrivait malheur, je parle d'un malheur *relatif*, car il n'y aurait rien à faire contre un autre !... je le recommande à tes bons soins.

« Mes vœux pour toi-même avec l'expression de mes vieilles et cordiales amitiés.

« De Baillehache,
« Juge d'instruction au tribunal de la Seine. »

Grâce à Dieu, je n'ai pas eu à me servir de cette lettre de mon père, et je n'ai vu qu'une fois le baron Larrey, le matin du 16 août, dans une des voitures qui suivaient l'Empereur se dirigeant sur Verdun. Mais reprenons notre récit.

L'opération assez compliquée d'embarquer les hommes et les chevaux étant terminée, on partit.

A Meaux, à Château-Thierry, à Épernay, à Commercy on nous apportait des rafraîchissements. Toute la route ne fut qu'une longue ovation. Les paysans sortaient sur le seuil de leurs maisons, se découvraient au passage du train, les enfants agitaient des drapeaux et tous criaient : « Vive l'Empereur ! »

Nous arrivâmes à Metz le 3 août à 4 heures du soir, après vingt-quatre heures passées en chemin de fer. Nos pauvres chevaux avaient à peine mangé, et nous-mêmes étions un peu rompus, ayant été très entassés.

La première chose qui me frappa, en arrivant à Metz, ce fut l'état des forts et le manque de canons sur les remparts.

J'en fis la remarque à mes camarades qui trouvèrent aussi la chose extraordinaire. Les forts de Queuleu, Saint-Quentin, Plappeville et Saint-Julien étaient ébauchés. Ceci était évidemment de l'imprévoyance, pour ne pas dire autre chose ; mais comme on comptait sur une longue marche en avant dont le but devait être Berlin, qu'importaient Metz et ses forts !

L'escadron une fois à cheval, nous entrâmes

en ville par la porte Serpenoise. Toute la Garde était partie la voille pour Saint-Avold, et comme la nuit approchait, que la distance pour rejoindre le régiment était très grande, et que, de plus, les chevaux et les hommes étaient fatigués, notre capitaine, M. de Soulages, après avoir pris les ordres de la place, nous fit établir au bivouac en dehors de la porte Chambière, près du polygone.

Le petit camp installé, je fis la proposition à trois de mes camarades d'aller souper en ville. L'offre fut acceptée avec empressement et nous nous rendîmes à l'hôtel de Paris, à côté de la cathédrale. L'hôtel était rempli d'une foule de personnages en uniformes, tant de la maison de l'Empereur que des télégraphes et du Trésor.

Au souper, l'impression désagréable que le mauvais état de défense de la ville m'avait causée, augmenta encore, car, interrogeant le maître de l'hôtel sur ce que l'on pensait de la guerre, il nous dit, en branlant la tête, que la guerre ne s'annonçait pas aussi bien qu'on aurait pu s'y attendre, que la Prusse était bien forte, et que nous nous étions trop pressés d'entrer en campagne. Les maréchaux des logis qui étaient avec moi se moquèrent du brave hôtelier en le traitant d'homme craintif, presque de mauvais Français, et je fis chorus. Néanmoins dans mon for intérieur je disais : « Cet homme a peut-être raison. »

Je demandai alors de quoi écrire et j'écrivis à mes parents pour leur dire que mon voyage s'était effectué sans encombre. Nous étions le 3 août au soir, et ce fut la seule lettre qui leur parvint.

Nous regagnâmes ensuite notre petite maison de toile, et je ne dois pas vous cacher que, malgré la dureté du lit, je dormis comme un bienheureux jusqu'à 5 heures du matin.

Le lendemain à 3 heures de l'après-midi, nous levâmes le camp pour aller à Courcelle-Chaussy, ou était la Garde. Nous arrivâmes, vers 7 heures du soir, par une pluie battante. Il fallut mettre les chevaux à la corde et dresser les tentes par ce temps affreux, et ce premier début n'était pas fait pour nous rendre très gais. Ensuite il fallut faire à manger; autre difficulté, pour allumer du feu : tout était trempé. Heureusement un de mes camarades, d'un autre escadron, m'offrit un peu de soupe, de pain et de vin et, après ce modeste repas, je fus me blottir sous ma tente-abri. Elle était déjà occupée par trois lanciers. Nous nous accroupîmes tous les quatre, et je passai la nuit assis sur mon portemanteau, dans une position plus que fatigante et dans l'impossibilité d'en prendre une meilleure; ajoutez à cela la pluie tombant toujours et vous aurez une idée de ma seconde nuit au camp.

Le lendemain vers 4 heures de l'après-midi, comme on se disposait à manger la soupe, on sonna à cheval. Il fallut donner un coup de pied à la marmite, seller au plus vite, et toute la division se mit en marche pour Saint-Avold. L'infanterie de la Garde nous avait précédés.

Déjà à ce moment le bruit de la défaite du général Douay à Wissembourg avait transpiré, mais nous ne voulions pas y croire. Cette marche de toute la Garde avait pour but, nous l'avons su plus tard, d'appuyer les corps de Ladmirault et de Frossard qui étaient à ce moment en contact avec l'ennemi.

Nous arrivâmes à la nuit sur une hauteur où l'on nous fit camper. Le lendemain à la pointe du jour, nous montâmes à cheval et l'on fit retirer les flammes de lance. Ceci était un indice certain du voisinage de l'ennemi.

Toute la division se rendit alors dans une immense prairie à trois kilomètres de là, près du village de Boucheporn, et il est difficile de rêver un endroit plus joli. Figurez-vous un petit ruisseau traversant le pré, à droite et à gauche des collines en partie boisées, et à l'extrémité de ce vallon le village de Boucheporn, dressant son clocher au milieu de collines plus élevées que celles de la prairie. Le temps s'était remis au beau et, comme nous avions déjeuné sur l'herbe et fait manger nos chevaux, je serais resté bien volontiers quelques heures mollement étendu sur le gazon en fumant ma pipe, mais nous avions d'autres devoirs à remplir.

A midi, le général Desvaux, qui commandait la cavalerie de la Garde, nous fit partir pour Longeville-les-Saint-Avold.

Notre division marchait en colonne par quatre dans l'ordre suivant : chasseurs en tête, puis guides, lanciers, dragons de l'Impératrice, cuirassiers et carabiniers, et formait une longue file serpentant de Boucheporn à Longeville à travers un pays très accidenté.

Longeville se trouve au pied d'un immense plateau sur lequel on nous fit établir. Les chevaux furent mis à la corde, mais défense de dresser les tentes. Toute la division des voltigeurs de la Garde était campée un peu au-dessous de nous et dans Longeville. Au loin dans la direction de Saint-Avold, que nous avions laissé à notre gauche avant d'entrer à Longeville, on apercevait sur les hauteurs les feux de bivouac des Prussiens.

Les chevaux furent dessellés vers 5 heures du

soir, à 6 heures on alluma de grands feux et il fut permis de se coucher sur la couverture avec le sac d'avoine sous la tête.

Il était près de minuit et nous dormions profondément lorsque tout à coup le cri : « Aux armes ! » se fit entendre. A-t-il été poussé par une sentinelle française, ou par un espion prussien pour répandre le désordre, c'est ce que nous n'avons jamais pu savoir. Ce qu'il y a de certain, c'est qu'en un clin d'œil les chevaux furent sellés sans bruit, chacun courut à ses armes et se tint prêt à monter à cheval. Tout se passa avec le plus grand calme. C'était évidemment une fausse alerte, mais nous demeurâmes tout le reste de la nuit la bride au bras. Je n'oublierai jamais ce spectacle ; toute cette belle division de cavalerie immobile et silencieuse à la tête de ses chevaux ; les cuirassiers et les carabiniers appuyés sur leurs grands sabres, les cuirasses et les casques brillant au milieu de la nuit à la lueur des feux.

Au petit jour, les bagages commencèrent à défiler vers Metz, puis ce fut notre tour. L'infanterie avait pris une autre route. Mais nous tombions littéralement de sommeil, et l'on s'arrachait les cheveux pour ne pas dormir à cheval. Nous arrivâmes, au bout de deux heures d'une marche souvent interrompue par les embarras de la route, à Courcelle, d'où nous étions partis l'avant-veille.

Cette marche ressemblait trop à une retraite pour qu'il fût permis de douter encore des mauvaises nouvelles qui étaient parvenues jusqu'à nous. A notre droite, sur une route parallèle, nous vîmes le corps Ladmirault qui, comme nous, opérait sa retraite sur Metz à la suite de la défaite du corps de Frossard à Forbach.

Je dois le dire : malgré le nombre de bagages et de voitures de toutes sortes, les corps se retiraient dans un ordre parfait. L'infanterie de la Garde resta à Courcelle-Chaussy et s'y établit. Nous, nous continuâmes notre route, laissant à notre droite le bivouac où mon escadron avait rejoint le régiment en sortant de Metz, deux jours auparavant.

Comme nous quittions Courcelle, la pluie se mit à tomber avec force. Nous nous établîmes néanmoins au bivouac, dans les terres labourées qui, détrempées par l'eau, présentèrent bientôt un gâchis difficile à dépeindre. Je me rappelle que j'étais *de jour*, et vous dire le mal que j'eus à ce bivouac, traînant des monceaux de boue entre la botte et le sous-pied et étant obligé de vaquer à tous les détails du service !

La nuit venue, il fallut se coucher sous une

tente dont le sol était mouillé, et je ne quittai pas mes bottes dans la crainte de ne pouvoir les remettre le lendemain. Enfin, le jour vint, on monta à cheval, mais dans quel état! La pluie n'avait pas cessé depuis la veille, les selles et les fournimenls avaient traîné à terre, il y avait des chevaux qui s'étaient roulés, cavaliers et montures ne présentaient qu'un amas de boue.

Avant de partir, on nous réunit pour nous lire un ordre du jour du général Bourbaki, commandant en chef de la Garde impériale, dans lequel il nous annonçait la défaite du maréchal de Mac-Mahon à Reichshoffen. Mais il ajoutait que le duc de Magenta avait dû céder devant des forces considérables et que la victoire de l'ennemi avait été chèrement achetée; que, de plus, tout était loin d'être perdu, qu'il restait des corps d'armée et la Garde qui n'avaient pas encore combattu et que bientôt nous reprendrions une revanche éclatante. Les soldats accueillirent cette proclamation, dont je donne le sens par les cris de : « Vive l'Empereur! Vive la France! »

On se mit en marche, se dirigeant sur Metz.

La route était remplie de voitures militaires et de paysans venant de Saint-Avold et de Longeville, ainsi que des villages environnants. Ils se sauvaient en emportant leurs objets les plus précieux, disant que les Prussiens pillaient tout et qu'ils prenaient les hommes valides pour les placer en avant de leurs troupes et les exposer ainsi aux premiers coups. Ce spectacle de femmes, d'enfants et de vieillards fuyant leurs villages et la plupart pleurant, faisait peine à voir et ne contribuait pas peu à augmenter la tristesse causée par les dernières nouvelles.

Nous marchions en colonne serrée par escadrons dans les champs, la pluie tombait toujours, et nos pauvres chevaux, qui portaient pour quatre jours de vivres et d'avoine, avaient une peine énorme à sortir de ces terres labourées. Toute la division campa près du village de Maisery, et on alla le soir à l'abreuvoir en armes, les Prussiens ayant passé la frontière depuis l'avant-veille et leurs coureurs ayant déjà été rencontrés dans les environs par nos reconnaissances. En allant à l'abreuvoir, nous traversâmes le bivouac du 3e chasseurs à cheval, et nous vîmes trois chevaux prussiens qui avaient été pris dans une rencontre des chasseurs de ce régiment avec les uhlans.

C'est ce soir-là que je reçus au bivouac une lettre de mes parents qui répondaient à ma lettre écrite à l'hôtel à Metz. Je ne puis vous dire le plaisir qu'elle me fit, et mes yeux se remplirent de larmes en lisant toutes les recommandations que me faisait mon excellente mère. Je répondis de suite et je portai la lettre à la voiture des postes de notre corps d'armée; mais le service devait déjà être très irrégulier, car elle ne parvint pas.

Nous quittâmes Maizery le lendemain de très bonne heure, toujours avec la pluie, et il fallut attendre au moins deux heures dans les champs, au bord de la route, que les bagages aient défilé. Enfin, après une marche très pénible dans les terres labourées, nous vîmes le clocher de la cathédrale de Metz.

Toutes les troupes se concentraient sous Metz, sur la rive droite de la Moselle.

A peine arrivé au camp, je fus désigné par l'adjudant-major de jour pour aller chercher un endroit favorable pour faire boire les chevaux.

Je partis immédiatement, à une allure assez vive; mais mon pauvre cheval, fatigué par toutes ces marches et contremarches, ne voulait plus trotter, et je fus contraint de passer au pas.

Je me dirigeai vers la porte des Allemands, et comme je regardais en passant les voitures de toutes sortes venant de Metz, je vis dans une calèche Mme Odent, la femme du préfet. Mes parents étaient restés en relation avec cette excellente famille depuis notre séjour en Alsace. Comme je m'empressais de la saluer, elle me reconnut aussitôt et fit arrêter sa voiture. Mais l'embarras sur les ponts-levis était tel que je n'eus que le temps d'échanger quelques paroles avec elle. J'appris que son fils, officier au 3ᵉ lanciers, mon ancien camarade de collège, était campé non loin de là, et elle allait justement pour le voir.

Après m'être fait indiquer un endroit convenable de la Moselle pour l'abreuvoir, je revins au camp.

Nous étions alors le 13 août. Je reçus ce jour-là une seconde lettre de mes parents, qui s'étonnaient beaucoup de ne pas recevoir de mes nouvelles. Cependant je n'ai pas manqué d'écrire chaque fois que j'en ai eu le temps. Ma mère me disait dans sa lettre que, malgré tous les tristes événements qui venaient de se passer à Wissembourg et à Forbach, Paris était calme, et que l'on comptait, pour sauver la France, sur le courage de soldats qui, bien que vaincus par le nombre, étaient néanmoins des héros et pouvaient encore de grandes choses.

Vers trois heures, nous allâmes à l'abreuvoir à la Moselle, non loin du pont en fil de fer qui fait communiquer l'île de Chambière avec le fort de Belle-Croix.

Comme nous allions quitter la rivière, l'Empereur vint à passer en voiture découverte. Je le reconnus le premier, car j'étais tout près de la première pile du pont, et, agitant mon bonnet de police, je criai : « Vive l'Empereur! » Aussitôt tout le monde leva la tête et le cri de : « Vive l'Empereur! » s'étendit sur toute la ligne. Il salua lentement d'un air triste et bien accablé. Ce fut l'avant-dernière fois que je le vis. Ce jour-là le Prince impérial vint à cheval visiter les bivouacs de la Garde; il était accompagné du général Bourbaki et de M. Bachon, son écuyer. Il fut chaleureusement acclamé par les troupes.

La journée se termina sans autres événements importants, mais nous nous attendions soit à une attaque de l'ennemi, soit à l'attaquer nous-mêmes. Tout le monde ignorait la marche des Prussiens, qui ne se montraient nulle part.

Il faut, du reste, reconnaître qu'ils ont toujours eu le talent de masquer leurs mouvements et leurs troupes d'une façon incroyable. Ils suivaient constamment les bois, profitaient de tous les plis de terrain, ne faisaient jamais de feu la nuit et pas le moindre bruit. Au lieu que chez nous, dès quatre heures du matin, tous les tambours, tous les clairons et trompettes se mettaient à battre et à sonner un réveil qui, pour ne rien exagérer, durait un bon quart d'heure. Le soir, à dix heures, l'extinction des feux était sonnée à grand renfort de trompettes sur toute la ligne. De cette manière, les Prussiens, même sans avoir recours à leurs espions, pouvaient toujours savoir d'une manière certaine la position de l'armée française.

A tout moment, suivant une habitude contractée en Afrique, les troupiers profitaient de la moindre halte pour faire le café. On en donnait même souvent l'ordre. Alors c'était une vraie débandade, l'un courait au bois, l'autre à l'eau, le troisième s'occupait d'autre chose, en un mot le désordre s'ensuivait. Ajoutez à cela qu'on se gardait souvent très mal et vous aurez l'explication d'une masse de troupes surprises par les Prussiens au moment où elles allaient manger la soupe.

Pendant la journée du 13, la pluie avait cessé et le 14 le soleil se leva radieux.

La matinée fut occupée en grande partie à des distributions de toutes sortes pour les hommes et les chevaux. Le mauvais temps avait, du reste, détérioré les biscuits conservés dans les bissacs à la suite des distributions des jours précédents. A 3 heures on alla à l'abreuvoir à la Moselle, mais on en revint presque aussitôt et au plus vite, car le canon se fit entendre vers 3 heures et demie en avant de nos lignes. Nous prîmes le grand trot, et en approchant du bivouac le bruit de la mousqueterie se faisait entendre plus distinct.

La division de cavalerie de la Garde se trouvait placée non loin de la route de Metz, à Sarrelouis, ayant à sa droite, mais du reste assez éloigné, le village de Borny qui devait donner son nom à ce combat.

On nous fit de suite lever le camp, paqueter les selles et monter à cheval. Les dragons étaient en première ligne, puis les lanciers, ensuite venaient les cuirassiers et, en dernière ligne, les carabiniers. Les guides et les chasseurs à cheval étaient détachés auprès de l'infanterie de la Garde.

Pendant ce temps, le combat avait commencé sur toute la ligne. Un pli de terrain nous cachait à l'ennemi et par conséquent nous empêchait de voir le champ de bataille; mais les détonations de l'artillerie et les feux de bataillon de l'infanterie arrivaient à nous très distinctement. On voyait les obus laisser en l'air, après avoir éclaté, de petits nuages blancs très épais et qui, peu à peu, finissaient par s'évanouir. C'était la première fois aussi que j'entendais le bruit des fameuses mitrailleuses, et il avait quelque chose de sinistre.

Le général Bourbaki arriva au galop, suivi de son peloton de dragons de l'Impératrice, mais il ne fit que passer devant notre ligne. Il courait vers l'infanterie de la Garde qui s'avançait flanquée de l'artillerie et des chasseurs à cheval pour soutenir les troupes engagées si le besoin s'en faisait sentir. Cette belle infanterie marchait en colonnes par divisions avec un ordre admirable et alignée comme au Champ-de-Mars.

A ce moment, le général Desvaux demanda un sous-officier pour aller faire une reconnaissance sur notre extrême droite, du côté de la route de Strasbourg, et le colonel me fit l'honneur de me désigner. Cette reconnaissance avait pour but de voir si un corps prussien venant de ce côté ne pourrait pas tourner notre droite et nous couper de Metz. Je partis au galop avec dix lanciers. Le colonel m'avait donné des instructions particulières : tâcher de voir sans être vu, et, avant tout, éviter de me faire enlever en allant trop loin. Le capitaine adjudant-major L... avait de plus eu la bonté de me prêter sa lorgnette, une excellente jumelle.

Après avoir galopé à travers champs, je me dirigeai vers le village de Borny, où j'apercevais un château surmonté d'un belvédère. Je mis pied à terre et, suivi d'un lancier qui était également descendu de cheval, je montai sur cette petite tour qui était un excellent observatoire. Le propriétaire du château me dit alors que le matin il était allé se promener du côté des bois que nous apercevions à notre droite et qu'il avait vu très distinctement, au delà de ces mêmes bois, des masses prussiennes très profondes. Je redescendis alors, mais non sans avoir, à l'aide de la lorgnette du capitaine, examiné attentivement l'horizon où l'on n'apercevait, du reste, pas la moindre trace de Prussiens. En effet, pendant que l'armée du vieux Steinmetz nous occupait ainsi, l'armée de Frédéric-Charles passait la Moselle au-dessus de Pont-à-Mousson, pour se concentrer sur la rive gauche et nous couper du camp de Châlons et par suite de la route de Paris.

Je traversai la cour du château qui, déjà, était remplie de blessés de toutes armes auxquels on donnait les premiers soins. Ces malheureux, qui avaient l'un le bras emporté, l'autre la jambe cassée ou la tête fendue, poussaient de sourds gémissements qui fendaient l'âme, et je dois dire que je fus bien plus impressionné par ce douloureux spectacle que par les premiers coups de canon qui remuent cependant toujours les soldats, même les plus aguerris.

Je remontai à cheval et je poussai vers un bois derrière lequel était massée une brigade d'infanterie, et je m'empressai d'avertir le général qui la commandait des renseignements que j'avais puisés auprès du propriétaire du château de Borny. Il me remercia en ajoutant que je pouvais dire au général qui m'avait envoyé en reconnaissance que sa brigade était précisément en réserve pour couvrir le flanc droit de l'armée et qu'il n'y avait rien à craindre de ce côté.

Avant de rejoindre le régiment, je voulus jeter un dernier coup d'œil sur le champ de bataille et je mis la main à la lorgnette; mais, fatalité! l'étui était bien pendu après moi, mais de lorgnette, point! Je n'avais pas eu la précaution de mettre la boucle de sûreté du couvercle et, en sautant un fossé, elle était sortie brusquement de l'étui. Je retournai sur mes pas en déployant pour la chercher mes dix lanciers en tirailleurs, mais nous eûmes beau regarder derrière chaque sillon, il fallut renoncer à la trouver.

J'allai ensuite rendre compte de ma mission au général Desvaux, qui, après m'avoir écouté sans m'interrompre, me dit que je m'étais très mal acquitté de ma reconnaissance et que j'aurais dû voir des Prussiens. Il était cependant difficile d'en voir où il n'y en avait pas.

Hélas! tout n'était pas fini pour moi et le plus difficile était d'aller rapporter l'étui sans lorgnette au capitaine qui, justement, avait la vue très basse, et pour lequel elle était un objet de première nécessité. Il entra d'abord dans une violente colère, en apprenant l'accident arrivé à son télescope; mais comme cela n'aboutissait à rien, il finit par se calmer, et la chose en resta là. Seulement je me promis de la lui remplacer à la première occasion. Je ne pouvais, du reste, pas mieux faire.

Le combat de Borny finit avec le jour, c'est-à-dire vers huit heures et demie du soir. C'était, par le fait, une victoire pour nous, car nous n'avions pas abandonné nos positions et nous avions fait perdre surtout par le feu des mitrailleuses beaucoup de monde à l'ennemi. Cependant nous n'avions pas empêché la plus grande partie de l'armée allemande de passer la Moselle, et notre ligne de retraite sur Châlons se trouvait ainsi bien compromise. On peut penser aussi que si l'ennemi mieux avisé avait fait donner à Borny le gros de ses forces et commencé plus tôt l'action, il pouvait espérer, vu notre infériorité numérique et le mauvais état des forts, nous rejeter dans Metz et probablement s'emparer ce soir-là au moins du fort Saint-Julien.

Le maréchal Bazaine, qui, depuis la veille, avait reçu de l'Empereur le commandement en chef, laissa une division pour garder nos positions et s'occupa, pendant cette nuit du 14, à faire traverser Metz à toute l'armée pour la reporter sur la rive gauche de la Moselle. Ce mouvement était du reste en train de se faire lorsque nous fûmes attaqués à 4 heures à Borny.

Vers minuit notre tour arriva de nous mettre en route pour rentrer dans Metz. Cette nuit est peut-être la plus pénible que j'aie passée de la campagne. Tous les dix pas, on s'arrêtait pour laisser passer soit une charrette remplie de blessés qui, entassés sur de la paille, poussaient des cris affreux à chaque cahot de la voiture, soit des files énormes de cacolets portant aussi des blessés, ou enfin des colonnes d'infanterie escortant des transports et des bagages de toute espèce.

Tout cela s'acheminant sans bruit vers la ville, au milieu d'une nuit assez noire, avait quelque chose de triste et de terrible. Une fois entré en ville par la porte des Allemands, il fallut marcher en colonne par un, tellement les rues étaient encombrées de toutes espèces de choses. Toutes les fenêtres des maisons étaient closes, celles des hôpitaux exceptées ; à la clarté des lumières des rez-de-chaussée on apercevait les blessés qu'on avait étendus jusque dans les corridors, et au milieu de tout cela les chirurgiens circulant le tablier blanc au cou. Ah! c'est une chose horrible que la nuit qui suit une bataille et il faut l'avoir vue pour s'en faire une idée.

Nous mîmes tout le reste de la nuit à traverser la ville. Vers 4 heures nous étions tellement fatigués que nous dormions à cheval. Pour mon compte, j'allai butter contre une voiture du train et la douleur seule me réveilla. A 6 heures nous arrivâmes au Ban-Saint-Martin où l'on fit halte. On mit les chevaux à la corde sous les grands arbres qui bordent le chemin de fer, mais avec défense de desseller sous prétexte qu'on allait partir dans une heure. On fit la soupe, mais on ne repartit que trois ou quatre heures après.

Un peu avant de remonter à cheval, nous vîmes passer, sur la route de Longeville et se dirigeant vers Metz, une douzaine de Prussiens faits prisonniers le matin par une reconnaissance. Ils étaient conduits par des gardes nationaux. Ces hommes appartenaient à la cavalerie et à l'infanterie. Leur attitude était loin de présenter le moindre abattement, et c'est d'un air très crâne qu'ils marchaient en lançant d'énormes bouffées de tabac de leurs grosses pipes de porcelaine.

En quittant le Ban-Saint-Martin, nous traversâmes Longeville-les-Metz, et nous fûmes croisés par un brancard sur lequel on portait le colonel Ardant du Picq, du 10ᵉ de ligne, dont la troupe avait été surprise au bivouac par une grêle d'obus prussiens. La maison occupée par l'Empereur et le Prince impérial avait même été touchée. Ce malheureux colonel devait être très grièvement blessé, car sa figure décomposée annonçait l'approche de la mort. Il devait du reste succomber quelques jours après à l'hôpital de Metz.

Après avoir passé Longeville, la route devient subitement une montée assez rapide qui aboutit au plateau appelé le Point-du-Jour. Rien n'était beau comme toute cette armée, infanterie, cavalerie et artillerie, serpentant le long des flancs de la montagne et ayant à ses pieds la plaine et la ville de Metz. Sur notre droite, mais de l'autre côté de la vallée, le fort Saint-Quentin, perché comme un nid d'aigle, semblait commander fièrement les alentours.

Une partie de la Garde, infanterie et cavalerie, resta au Point-du-Jour, non loin du bois des Génivaux et s'y établit au bivouac. Notre brigade continua sa route et descendit par une pente très rapide jusqu'au village de Gravelotte, qui devait le lendemain donner son nom à une bataille mémorable. En pénétrant dans le village, je remarquai beaucoup de gens à la livrée de la maison de l'Empereur. Au détour d'une rue j'entendis commander de *porter la lance;* nous passions devant la maison habitée par l'Empereur et le Prince impérial qui avaient quitté Metz la veille à 11 heures du matin.

Devant la porte, et, causant avec plusieurs officiers généraux, était le Prince Napoléon, les mains derrière le dos, la tête enfoncée dans les épaules et paraissant très accablé. Sa ressemblance extrême avec l'Empereur premier me frappa alors. C'était bien la tête de l'oncle, mais celle que Steuben lui donne dans son tableau de la bataille de Waterloo.

Nous ne vîmes ni l'Empereur ni le Prince impérial, qui étaient dans l'intérieur de la maison. Je comparai alors le 15 août de cette année avec celui des années précédentes si brillant à Paris. Cela donnait lieu à de tristes réflexions. Les cent-gardes étaient campés dans un petit jardin attenant à la maison habitée par l'Empereur. Ils avaient laissé à Paris leur brillant uniforme et ne portaient comme tenue de campagne que le chapeau, la tunique, mais sans cuirasse, et le pantalon rouge dans les grandes bottes.

On nous fit établir non loin d'eux de l'autre côté de la route de Verdun, derrière un bataillon du 3e grenadiers et un escadron du régiment des guides qui étaient attachés au service de l'Empereur depuis le début de la campagne.

On donna l'ordre de se nettoyer le mieux possible, de remettre les flammes après les lances, en un mot de se tenir prêts à escorter l'Empereur à la pointe du jour. Nous mangeâmes alors les quelques provisions que nous avions dans nos bissacs, car il ne fallait pas espérer trouver n'importe quoi dans le village, tout étant retenu pour les états-majors. Ce modeste souper achevé, je construisis ma petite maison de toile et je m'endormis profondément.

Le lendemain 16 août, jour à jamais mémorable, nous étions debout à 3 heures du matin. On sella les chevaux, on monta sans bruit et on fit charger les armes. Puis, ceci achevé, les deux régiments, lanciers et dragons, se portèrent à hauteur de la route.

A 4 heures la voiture de l'Empereur parut. C'était une calèche découverte attelée en poste. L'Empereur et son fils occupaient les places du fond, sur le devant étaient le Prince Napoléon et un aide de camp.

Le colonel Verly, des cent-gardes, se tenait à la portière de droite.

Une chose me frappa, ce fut le silence qui accueillit le passage de l'Empereur. Cette brigade de cavalerie était rangée immobile, présentant le sabre, mais pas un cri ne sortit de ses rangs.

Les dragons rompirent alors en colonne par quatre et allèrent se placer au trot en avant du convoi. Nous suivîmes la dernière voiture aux armes impériales, également en colonne par quatre. De plus, les cent-gardes précédaient et suivaient immédiatement la voiture de l'Empereur.

Cette forte escorte était obligée, à cause des nombreux partis de cavalerie ennemie qui battaient le pays en tout sens et qui cherchaient probablement à enlever l'Empereur pendant sa marche sur Verdun. Nous fîmes près de 20 kilomètres au trot, car on ne passait au pas que dans les montées, et nous arrivâmes à Conflans, vers 6 heures et demie du matin. Là deux régiments de chasseurs d'Afrique commandés par le général Margueritte nous relevèrent. L'Empereur fit halte sur la route et descendit de voiture avec le Prince impérial. Ce fut la dernière fois que je les vis. L'Empereur causait avec son fils, mais son visage d'habitude si calme laissait voir la plus profonde tristesse.

Pendant ce repos, on nous avait portés sur les hauteurs qui bordaient la route, et nous avions détaché de nombreuses reconnaissances pour fouiller le terrain. Lorsque nous revînmes, l'Empereur était reparti avec sa nouvelle escorte. J'assistai alors au défilé de ses bagages, qui étaient loin de ressembler à ceux d'un souverain asiatique, comme on l'a tant dit depuis.

Si nous avions été vainqueurs, il est probable qu'on n'en aurait seulement jamais parlé.

On mit les chevaux à la corde dans une prairie au bord de la route; et l'on déjeuna avec les provisions cherchées au village.

Nous ramassâmes, près du tas de pierre sur lequel nous nous étions un moment assis, un schapska de uhlan, et nous fûmes frappés de la belle devise inscrite sous l'aigle qui orne presque toutes les coiffures militaires prussiennes : « *Mit Gott für Kœnig und Vaterland.* » Ce qui signifie : « Avec Dieu, pour le Roi et la Patrie. »

Vers 10 heures nous fûmes mis en éveil par une violente canonnade qui s'entendait dans la direction de Rezonville, Vionville et Mars-la-Tour, villages situés sur la gauche de la route que nous venions de suivre.

On n'y fit d'abord qu'une légère attention; mais, le bruit devenant plus fort, le général de

France, qui commandait notre brigade, nous fit monter à cheval pour marcher au canon. On partit au trot et on traversa le village de Villiers-les-Prés, où le curé et les habitants, groupés sur les marches et autour de l'église, nous encourageaient du geste et de la voix.

En sortant du village, nous arrivâmes près d'un bois assez épais. Là le canon, les décharges des mitrailleuses, les feux de peloton, s'entendaient très distinctement, on voyait même en l'air les petits nuages formés par les obus. Ce bois nous cachait évidemment le champ de bataille qui ne devait pas être à plus d'un kilomètre.

Au détour du bois nous aperçûmes en effet la bataille qui se livrait devant nous. Nos lignes semblaient avoir au moins trois lieues d'étendue. Le village de Rezonville paraissait être le point où se dirigeaient les efforts des deux armées.

Les Prussiens, fidèles à leur tactique, maintenaient leur infanterie sous bois et accablaient nos troupes par le feu de leur puissante artillerie. Néanmoins la bataille se continuait avec acharnement et l'on ne pouvait présumer de quel côté pencherait la victoire.

Près du bois dont j'ai parlé plus haut, se trouvait le général du Barrail avec le 2e chasseurs d'Afrique, seul régiment restant de sa division. Comme nous l'avons vu, le général Margueritte était parti le matin de Conflans, escortant l'Empereur et le Prince impérial avec le 1ᵉʳ et le 3ᵉ chasseurs d'Afrique, le 4ᵉ n'étant pas encore débarqué. Le général de France alla se mettre, lui et sa brigade, à sa disposition. En ce moment, et de cette façon, nous nous trouvions occuper l'extrême droite de l'armée française (4ᵉ corps, Ladmirault), mais un peu en arrière de la ligne de bataille. Nous avions avec nous une batterie d'artillerie.

Vers deux heures de l'après-midi, nous vîmes, au delà de la route de Paris, un nuage de poussière très épais et qui ne pouvait être provoqué que par un corps assez nombreux de cavalerie. Le général du Barrail envoya un escadron de chasseurs d'Afrique en tirailleurs pour reconnaître cette troupe et la *tâter*, s'il m'est permis de m'exprimer ainsi. Pendant ce temps nous nous retirions dans le bois, et notre artillerie prenait position dans une clairière, attendant l'arrivée des Prussiens pour les couvrir de son feu. Je ne sais s'ils se doutèrent du piège qu'on leur tendait, mais l'escadron en tirailleurs eut beau les attirer, ils tournèrent bride et ne reparurent plus que dans la soirée.

Nous sortîmes alors du bois et nous revînmes prendre position près de la route.

Sur le bord d'un des fossés gisait le cadavre d'un uhlan, dont la mort pouvait remonter à un jour ou deux. C'était le premier mort que j'apercevais d'aussi près, et cela ne laissa pas que de m'impressionner un peu ; mais nous devions, hélas ! en rencontrer bien d'autres et nous familiariser avec ce genre de spectacle.

Vers 4 heures, la victoire sembla se décider pour nous ; jamais je n'oublierai cette ligne de bataille s'avançant précédée de son artillerie qui vomissait la mort sur les Prussiens. Ceux-ci reculaient en bon ordre, mais leur feu commençait à devenir moins nourri. Tout à coup ils lancèrent des obus sur un village qui était à notre extrême droite et sous nous, car on ne voyait que le clocher, et une longue colonne de fumée épaisse et noire annonça que le malheureux village allait devenir la proie des flammes. Nous apprîmes plus tard que c'était de la part de l'ennemi une manière d'appeler ses réserves. En effet, leur ligne de feu reprit plus d'intensité, ils lançaient une quantité innombrable d'obus et tout annonçait qu'ils avaient dû recevoir des renforts.

Avant de continuer le récit de ce qui intéresse

particulièrement notre brigade, je veux rappeler la charge des cuirassiers de la Garde qui étaient restés avec les carabiniers sous la main du général Desvaux.

Vers midi, ils se tenaient à droite de la route de Rezonville, en arrière de ce village, et près du 2ᵉ corps commandé par le général Frossard. Un de mes camarades, M. Mégard de Bourgeolly, lieutenant dans ce régiment, m'a souvent fait le récit de cette charge, pendant notre captivité en Allemagne. Cet engagement des cuirassiers, me disait-il, avait eu lieu sur les instances du général Frossard, qui vint de sa personne dire : « *Chargez de suite ou nous sommes tous perdus !* » Le général du Preuil, qui commandait la brigade, lança aussitôt le premier échelon, formé des deux premiers escadrons, qui partit au galop de pied ferme. Le second suivit à cent cinquante mètres de distance, le général accompagné de ses officiers d'ordonnance se plaçant sur le flanc. Ces braves escadrons s'étaient élancés successivement sur l'ennemi alignés comme à la manœuvre, mais ils furent dérangés dans leur marche par des caisses à biscuit, une voiture de bagages et des ustensiles de campement qui avaient été abandonnés à la hâte par les troupes du 2ᵉ corps en retraite à ce moment. Ils furent alors accueillis à trente pas par un feu si terrible que, d'après l'officier qui me racontait cette charge désespérée, on aurait dit du vent vous soufflant au visage. 22 officiers dont 9 tués, parmi lesquels un chef d'escadrons, le commandant Sahuquet, 208 cavaliers et 243 chevaux hors de combat, telles furent les pertes du régiment des cuirassiers de la Garde. Ces chiffres sont assez éloquents pour se passer de tout commentaire.

Notre brigade, depuis qu'elle était arrivée sur le champ de bataille, avait passé son temps à faire des mouvements aux différentes allures et en tous les sens, ce qui ne manquait pas de fatiguer hommes et chevaux, ces derniers surtout étant très chargés et ayant déjà fourni le matin un long trajet au trot.

Enfin, vers 5 heures et demie, le moment de nous rendre utiles arriva. Le général du Barrail, prévenu par le capitaine de la Tour du Pin, envoyé par le commandant du 4ᵉ corps, le général de Ladmirault, dépêcha au galop un de ses officiers qui vint avertir le général de France que la cavalerie prussienne, que nous avions sans doute aperçue dans la matinée et qui s'était tenue cachée depuis, sortait de Mars-la-Tour pour tourner l'aile droite de l'armée.

On nous fit changer immédiatement de direction pour aller au-devant d'elle. Dans ce mouvement, l'artillerie ennemie nous aperçut, car elle nous envoya immédiatement bon nombre d'obus, qui ne touchèrent personne parmi nous ; mais l'un d'eux alla frapper un muletier qui se dirigeait vers une ambulance avec son cacolet.

Avant d'arriver sur le terrain où nous devions charger, il fallut descendre un énorme ravin presque à pic, puis sauter un fossé fangeux, remonter ensuite le versant opposé, et seulement se former sur la hauteur. On comprend aisément le désordre qui s'ensuivit. Néanmoins, les escadrons se reformèrent assez rapidement à la voix du colonel et continuèrent à s'avancer au pas. Les dragons de l'Impératrice suivaient le mouvement et devaient former derrière nous une seconde ligne. Il y eut à ce moment une certaine incertitude à savoir si nous nous trouvions en face des Prussiens ou non [1], la distance était

---

[1]. Un certain doute s'éleva en effet, dans l'esprit du général de France et de ses officiers d'ordonnance au moment où la cavalerie ennemie fut signalée.

Le général prétendait que la troupe qui s'avançait était française ; alors le colonel des lanciers de la Garde, interrogé, répondit qu'elle lui paraissait bien sombre, et que nos uniformes jetaient en général, à l'horizon, des notes plus claires : « En tous les cas, ajouta-t-il, il n'y a pas deux partis à prendre, il faut aller au-devant de cette troupe ; si ce sont des Français nous les embrasserons ; si ce sont des Prussiens nous les chargerons. »

encore grande, le jour tombait, et tout en avançant on se demandait si c'était bien eux. Au bout d'un certain temps le doute ne fut plus permis, et le colonel de Latheulade s'écria en élevant son sabre : « Ce sont eux, chargez! » Ce commandement fut répété par les officiers, et le régiment, entraîné par son vaillant chef, mais à peine en bataille, partit au galop la lance croisée.

Les Prussiens arrivaient au trot, le sabre levé et criant : « Hourra, hourra! » Quiconque n'a jamais vu ce spectacle ne peut s'en faire une idée, ainsi que du sentiment qu'on éprouve. A vingt mètres, ils prirent le galop, et les deux troupes se rencontrèrent. Le choc fut terrible, et leur premier rang fut presque complètement démonté à coups de lance. Ma lance m'avait été violemment enlevée au passage, soit que je l'aie laissée dans le corps d'un Allemand, soit qu'une vigoureuse parade me l'ait fait tomber. J'opinerai plutôt pour la première hypothèse, car j'ai ressenti une telle secousse que j'aurais été jeté hors de ma selle si je ne m'étais empressé instinctivement de lâcher ma lance. En tous les cas il n'y avait pas de temps à perdre pour mettre le sabre à la main ; mais, pendant que j'exécutais ce mouvement, un dragon allemand m'asséna sur la tête un vigoureux coup de sabre qui fut heureusement paré par mon schapska, dont il entama une des faces. Je vis alors une seconde, puis une troisième ligne de cavalerie ennemie qui accourait au secours de la première. A partir de ce moment, je ne me rappelle pas bien nettement ce qui se passa; mais ce qu'il y a de certain, c'est que la mêlée était devenue générale. Ce n'étaient que coups de sabre et de pistolet échangés, chevaux et cavaliers tombant les uns sur les autres, cris de toutes sortes, de rage et de douleur, en un mot un chaos épouvantable.

J'entendis le ralliement sonner, bien qu'ayant poussé assez avant; je fis alors faire un demi-tour à mon cheval, qui heureusement n'avait rien, et j'allai au galop me rallier sur le plateau que nous avions quitté avant la charge. Ce ralliement sonné évidemment trop tôt, et que j'ai même entendu attribuer aux trompettes allemandes, connaissant nos sonneries, avait fait revenir l'ennemi, et les cavaliers allemands nous poursuivaient maintenant en poussant des hourras, et, arrivés sur le bord du ravin, tiraient des coups de feu avec leurs carabines sur les malheureux cavaliers qui étaient tombés avec leurs chevaux en voulant repasser le fossé fangeux dont j'ai parlé plus haut. Les dragons de l'Impératrice ripostaient de leurs fusils et les balles sifflaient de toutes parts [1].

Le colonel, son sabre rouge jusqu'à la garde et la lame tordue, s'occupait sur le plateau à rallier ses lanciers, et rien n'était triste comme ces hommes revenant avec des blessures horribles à la tête et à la figure, et ces chevaux sans cavaliers qui, instinctivement, avaient suivi les autres et venaient reprendre leur place dans le rang. On

---

[1]. Obéissant à la sonnerie du ralliement, je me dirigeai vers le point où nos trompettes se faisaient entendre. A mes côtés galopait un homme de mon peloton, jeune soldat alsacien de la classe de 1867 et qui, je m'en souviens, s'appelait Kreiser. Nous voyons venir à nous un dragon allemand, tirant de toutes ses forces sur les rênes de son cheval emballé. Tout à coup, le cheval, frappé d'un coup de feu, s'abattit à notre hauteur. L'homme resta en selle en présentant complètement sa poitrine dans les efforts désespérés qu'il faisait pour relever sa monture. J'avais le sabre à la main, mais Kreiser était encore armé de sa lance. Il en dirigea la pointe vers la poitrine de l'Allemand qui, percé de part en part, lâcha les rênes et tomba en poussant un grand cri. Il est vrai que la lance s'était brisée à un pied environ de la pointe et que mon lancier n'avait plus à la main qu'un tronçon qu'il jeta en me disant : « Eh bien ! maréchal des logis, en voilà encore un qui ne mangera pas la soupe ce soir ! — Je ne crois pas, » lui répondis-je.

Si j'ai raconté ce fait, qui, par lui-même, n'a rien d'extraordinaire à la guerre, c'est que j'ai voulu démontrer l'avantage de la lance sur le sabre. Admettez que je me sois trouvé du côté de l'Allemand, je l'aurais à peine atteint avec mon sabre, tandis que le lancier l'a transpercé très facilement. Il a perdu sa lance, c'est vrai, mais, comme dit le général de Brack, c'est une lance bien perdue, et il lui reste encore son sabre pour combattre.

fit l'appel, et il manquait 170 hommes et 17 officiers dont 4 capitaines commandants sur 5. Le seul revenant était celui de mon escadron, M. de Soulages. Le commandant de Villeneuve-Bargemont était également resté sur le terrain. Il n'était que blessé, et parvint, quelques jours après, à se sauver de l'ambulance où les Prussiens l'avaient transporté et il gagna Paris.

Le deuxième escadron avait été le plus éprouvé. Il ne revenait de cet escadron qu'un officier, le sous-lieutenant Lecomte, le maréchal des logis chef, le fourrier, un maréchal des logis et environ quarante cavaliers. Cet escadron, qui formait l'extrême droite du régiment, avait chargé sans avoir eu le temps de se déployer complètement, et un escadron allemand, détaché en flanc offensif, lui avait fait subir dans cette situation critique les pertes sérieuses que nous avons signalées.

Le régiment marchait en colonne serrée présentant le flanc gauche à l'ennemi et, pour lui faire face et nous déployer, on eut recours au long mouvement de l'ordonnance de 1829. Le colonel commanda : *Par la queue de la colonne, à gauche en bataille. Au galop; marche!*

Les dragons de l'Impératrice avaient perdu leur lieutenant-colonel, M. Boby de la Chapelle, qui fut tué raide d'un coup de pistolet. Je ne me rappelle pas exactement le nombre de leurs hommes tués ou blessés, mais ils avaient eu moins de monde hors de combat que nous, ayant chargé en deuxième ligne. Par contre, leurs malheureux trompettes, qui portaient l'habit rouge et le galon d'or au collet et aux parements, avaient particulièrement été en butte aux coups de l'ennemi dans cette terrible mêlée et plus de la moitié étaient tués ou blessés.

On a vu qu'à la suite de la sonnerie du ralliement, les cavaliers allemands nous avaient d'abord poursuivis ; mais ils durent céder le terrain par suite de l'entrée en scène de la division Clérembault (3º et 10º chasseurs, 2º et 4º dragons), qui, tombant au galop sur cette masse de cavalerie que nous avions déjà fortement ébranlée sans la vaincre, en fit un massacre épouvantable. Des officiers du régiment, qui allèrent le soir sur le terrain, le trouvèrent littéralement couvert de cadavres prussiens. A la suite de ce grand combat de cavalerie, l'ennemi se mit en retraite sur Mars-la-Tour, renonçant complètement à tourner notre droite.

La nuit commençait à tomber sur ce champ de bataille, où cependant on combattait encore. A la nuit close, le feu cessa, et, de part et d'autre, on se retira sur les positions occupées au début de l'action. En un mot, bataille sanglante, mais indécise, tel était le sentiment que nous éprouvions tous en regagnant notre bivouac de la veille, car la brigade retournait à Gravelotte, où elle avait pris l'escorte de l'Empereur. Mais hélas! combien manquaient à l'appel! Grâce à Dieu, je n'avais rien, et vraiment c'était un miracle que d'être sorti sain et sauf de cette boucherie. Nous étions tous tellement fatigués, que nous n'avions ni faim ni soif; du reste, il ne fallait pas espérer pouvoir trouver quelque chose dans le village; toutes les maisons étaient remplies de blessés qui arrivaient en masse de tous les côtés. Après avoir mangé un biscuit et bu un peu d'eau, je m'étendis sur ma couverture à cheval, enveloppé dans mon manteau, et je ne tardai pas à m'endormir, malgré le bruit des coups de fusil qui se tiraient encore dans le lointain[1].

[1]. Je ne peux passer sous silence la fin héroïque du général Legrand, dont la division (2e, 7e hussards et 3e dragons) avait chargé avec nous la cavalerie allemande. Ce général, n'écoutant que son courage, avait refusé la proposition d'un de ses colonels, qui consistait à ébranler l'ennemi par le feu, et avait répondu : « Non, au sabre! » Il s'était alors élancé à cent pas en avant du 3e dragons pour appuyer sa première ligne, et était tombé percé de coups, trouvant ainsi une mort glorieuse devant la troupe qu'il avait si vaillamment entraînée.

CHAPITRE VI

Retraite sur Metz. — Le bivouac de Châtel-Saint-Germain. — Bataille de Saint-Privat, 18 août 1870. — Nous campons au Ban-Saint-Martin. — L'armée repasse sur la rive droite de la Moselle. — La fausse sortie du 26 août. — L'île Chambière et le cimetière. — Je suis nommé sous-lieutenant. — Une erreur d'uniforme. — Combats de Servigny-les-Sainte-Barbe, 31 août et 1er septembre. — Nous revenons à Chambière. — Peltre. — Le blocus. — La viande de cheval. — État de l'armée et de la ville de Metz vers le 15 octobre. — Combat de Ladonchamp, 7 octobre. — La communication du 19 octobre et la mission du général Boyer. — La capitulation. — Ordre général du commandant en chef. — Le *tourne-bride* de la route de Nancy. — Départ pour l'Allemagne. — Le déjeuner de Bingen. — Cologne et l'incident de la caserne. — Un proverbe allemand. — Bad-Dribourg. — L'hôtel Kothe. — Le vétérinaire de mon régiment.

Le lendemain 17 août, tous les corps exécutèrent à la pointe du jour, et contre l'attente générale, un mouvement de retraite sur Metz sans être inquiétés par l'ennemi. Après bien des détours, en longeant les bois, nous arrivâmes sous le fort Saint-Quentin.

Là nous fîmes une halte assez longue, et après on descendit la hauteur en tenant les chevaux par la figure tant la pente était raide. Nous arrivions vers le soir à Châtel-Saint-Germain, non loin de Metz, et on nous y fit camper. Toute la division, les chasseurs exceptés, se trouvait réunie en cet endroit qui était, il est vrai, bien peu propice à la cavalerie, car il représentait un long boyau dont Châtel serait le centre, entouré de toutes parts de collines assez élevées et boisées. Toute la division de cavalerie du général de Forton était campée sur la pente à notre droite, et derrière nous était encore une autre division composée de chasseurs et de hussards.

Le lendemain 18 août vers 10 heures du matin, la canonnade et la fusillade éclatèrent sur toute la ligne, mais il nous était impossible de rien voir du fond de notre entonnoir, les collines qui nous entouraient nous cachant tout. La bataille était alors très engagée et les décharges de l'artillerie se succédaient sans interruption. Notre droite s'appuyait à Saint-Privat-la-Montagne, notre centre à Amanvilliers et notre gauche touchait le ravin de Rozerieulles en passant par Châtel-Saint-Germain.

Vers 6 heures du soir notre artillerie commença à manquer de munitions. A 7 heures le corps du maréchal Canrobert (le 6ᵉ), dont une partie de l'artillerie était restée au camp de Châlons, était obligé d'abandonner Saint-Privat en flammes, après avoir soutenu pendant près de huit heures une lutte héroïque contre des forces triples.

A l'attaque de ce village la garde royale prussienne trouva son tombeau. (Dépêche du roi Guillaume à la reine Augusta.)

Si le général en chef avait fait soutenir le maréchal Canrobert par l'infanterie et l'artillerie de la Garde en réserve à Plappeville, la déroute des Allemands était certaine et peut-être, à la suite de cette victoire, la face des choses complètement changée. La retraite du corps Canrobert avait répandu la panique parmi les conducteurs de bagages qui se mirent à fuir en désordre vers Metz, dont le commandant fut obligé de faire fermer les portes pour arrêter la débâcle qui allait bientôt gagner tout le monde.

Pendant ce temps, nous étions toujours immobiles dans notre entonnoir, assistant au défilé des blessés qui commençaient à encombrer la route. Les obus prussiens venaient éclater à 200 mètres sur notre droite dans des vignes. Si l'ennemi nous avait soupçonnés là il rectifiait un peu son tir et certainement notre position devenait plus que critique. Il n'en fut rien, et la nuit survenant mit fin à cette bataille dite de Saint-Privat où moins de cent vingt mille hommes en affrontèrent plus de deux cent cinquante mille. Nos régiments campèrent sur le théâtre de cette lutte de géants. Ce fut la journée qui nous coûta le plus de monde sans pour cela être décisive, car le lendemain les Prussiens devaient nous enserrer plus encore sous Metz. Mais si nos pertes étaient grandes, les leurs étaient énormes et auraient pu encore être doublées si notre artillerie n'avait pas manqué de munitions à la fin de la journée.

On nous fit traverser vers 10 heures du soir le village de Châtel-Saint-Germain. Les coups de fusil s'entendaient encore de très près et même une balle perdue vint tuer le cheval d'un trompette du régiment comme il tournait le coin d'une rue du village. Il fallut passer par un, à cause de l'encombrement des blessés et des voitures de toutes sortes. Enfin, après bien des détours et une marche de nuit très fatigante, car on mit trois heures à faire moins d'une lieue, nous arrivâmes sous le fort de Plappeville, où on nous fit camper. Nous tombions de sommeil comme pendant la marche à travers Metz l'avant-veille de la bataille de Gravelotte[1]. Aussi, une fois les chevaux placés à la corde et après avoir avalé un morceau de pain et de viande froide, nous nous mîmes sous nos tentes et le sommeil ne se fit pas attendre.

On resta un jour dans ce bivouac et il fut employé à réparer tout ce qui était détérioré par suite de la charge du 16, à faire des distributions de cartouches, etc., en un mot à remettre un peu d'ordre dans les escadrons.

Le lendemain, à midi, on se mit en route pour le Ban-Saint-Martin, où nous arrivâmes pour bivouaquer vers 1 heure. Nous nous trouvions campés à deux pas de la maison occupée par le maréchal Bazaine et son état-major.

Il avait comme escorte un escadron du 5e

---

1. A l'armée de Metz, nous avons toujours appelé les trois journées du 14, du 16 et du 18 août : Borny, Gravelotte et Saint-Privat, mais les rapports officiels disent Rezonville pour le 16 et désignent Saint-Privat le 18 août sous le nom de défense des lignes d'Amanvilliers.

Nos pertes s'élevèrent à la suite de ces trois grands combats à plus de 43 000 hommes tués ou blessés; si on y ajoute celles des combats du 31 août, du 1er septembre et de Ladonchamp le 7 octobre, on trouve que l'armée du Rhin a eu plus de 50 000 hommes atteints par le feu de l'ennemi.

Nous ne parlons pas des nombreux décès par suite du typhus pendant le blocus.

Ces chiffres sont assez importants pour être présentés à ceux qui depuis ont parlé de ce qu'ils appellent *la honte de Metz*.

hussards commandé par le capitaine Chaverondier qui, le 16 août, reçut à la figure une blessure très grave en dégageant le maréchal entouré ainsi que son état-major par les hussards prussiens. Mon ami le sous-lieutenant Senez faisait partie de cet escadron et j'allai le lendemain dîner avec lui. J'allai aussi le même jour voir mon camarade Maurice Odent, au 3ᵉ lanciers. Ils étaient campés près de Montigny. Nous restâmes six jours au Ban-Saint-Martin.

La grande concentration de troupes rendait déjà tout extrêmement cher et rare, ainsi les pommes de terre étaient à des prix exorbitants. Cela devait être bien autre chose plus tard.

De plus, la popote de mon escouade commençait à me sembler moins bonne que les premiers jours et cette nourriture mal apprêtée devenait fatigante. Nous découvrîmes alors, avec deux de mes amis, Le Brun et de Fry, sous-officiers aux dragons de l'Impératrice, un certain Danlion, jardinier-fleuriste, dont la femme s'engagea à nous nourrir à peu de frais. Le marché fut conclu, et, pendant les cinq jours qui suivirent, nous eûmes au moins un bon repas d'assuré par jour.

Le 25 août au matin, toutes les troupes reçurent l'ordre de se concentrer sur la rive droite de la Moselle. A midi, la division de cavalerie de la Garde se mit en mouvement et passa la rivière sur trois ponts de bateaux construits près du polygone. On nous fit établir au bivouac dans l'île Chambière, non loin de l'abattoir et presque à la même place où mon escadron avait campé en arrivant à Metz. Ainsi, après vingt jours de marches et de contremarches, plus trois combats sanglants, l'armée revenait à son point de départ.

A 6 heures, je m'éclipsai avec un autre sous-officier et nous allâmes dîner en ville. Nous nous étions un peu attardés pour revenir, car à peine avions-nous franchi le pont-levis de la porte Chambière qu'il fut levé derrière nous et que nous trouvâmes la barrière fermée. Elle était formée de palissades assez élevées se terminant en pointes. Cependant il n'y avait pas à hésiter, nous ne pouvions pas passer la nuit entre le pont et la barrière. Il fallut escalader l'obstacle, ce qui s'exécuta lestement mais non pas sans danger pour les fonds de culotte. Après cela nous prîmes le pas de course et nous arrivâmes au camp, juste au moment où l'appel du soir allait sonner.

A 3 heures du matin, on nous fit lever sans bruit, seller les chevaux et au petit jour tout le monde était à cheval, c'était le 26 août.

Le maréchal Bazaine concentrait toute son armée sur la rive droite de la Moselle et, à peine fit-il jour, que des colonnes d'infanterie très profondes s'avancèrent se dirigeant vers la route qui mène au fort Saint-Julien. La cavalerie et l'artillerie suivaient. Ce défilé dura depuis 4 heures du matin jusqu'à 5 heures du soir. Nous vîmes passer successivement le général de Ladmirault, le maréchal Canrobert, en un mot tous les commandants de corps d'armée. Quant au maréchal Bazaine, nous ne le vîmes point, il avait pris sans doute la route menant directement de la ville au fort Saint-Julien.

Vers 3 heures de l'après-midi la pluie se mit à tomber avec force. Nous étions immobiles, la bride au bras, assistant à ce défilé de toute l'armée. Enfin à 4 heures ce fut le tour de l'infanterie de la Garde ; mais au moment où les grenadiers allaient passer, le contre-ordre arriva et l'on fit rebrousser chemin à tout le monde. Les troupes marchèrent de nouveau toute la nuit par une pluie battante pour regagner leurs bivouacs.

On a dit plus tard que c'était le mauvais temps qui ce jour-là avait empêché le maréchal Bazaine d'achever son mouvement et on ajoutait que le mauvais temps était pour les Prussiens comme pour nous. Mais je ne veux ici entrer dans aucune dissertation, mon but étant tout simplement de raconter les événements auxquels j'ai pu assister sans les commenter.

Nous nous établîmes, avec la pluie qui tombait toujours, non loin de la Moselle, entre la rivière et le cimetière de l'île Chambière. Jamais bivouac ne fut plus triste; à notre gauche étaient les immenses ambulances du polygone, construites en planches, et derrière nous le cimetière, où toute la journée on apportait des tombereaux remplis de cadavres provenant des ambulances ou des hôpitaux de la ville. Dans les premiers temps ces malheureux n'étaient enveloppés dans aucun linceul; on ouvrait le derrière du tombereau et on les laissait tomber ainsi les uns sur les autres dans la fosse commune, puis on jetait une couche de chaux et tout était fini jusqu'au premier convoi où la même cérémonie se renouvelait. L'autorité militaire porta plainte et obtint que ces pauvres corps seraient enveloppés dans un linceul de toile et rangés dans la fosse d'une manière plus convenable. Mais le spectacle n'en continua pas moins à être très pénible, et quand je pense que nous restâmes du 26 août au 29 octobre tout près de ce cimetière, car nous n'étions séparés que par la largeur de la route, je ne puis m'empêcher de frémir.

DE LA GARDE IMPÉRIALE. 201

Le 28 août fut pour moi un jour bien agréable. Le colonel me rencontrant au bord de la Moselle, occupé à laver un peu de linge, me dit : « Vous pouvez aller en ville acheter des épaulettes, car je viens de recevoir l'avis de votre nomination de sous-lieutenant ainsi que celle de huit de vos camarades. »

J'étais nommé, d'après mon brevet, sous-lieutenant au 2ᵉ escadron en remplacement de M. le sous-lieutenant Richet, disparu. Ma joie fut grande, comme on peut le penser, mais elle n'était pas complète, car les communications étant coupées depuis le 18 août, il m'était impossible de faire savoir cette bonne nouvelle à mes parents restés à Paris.

Le malheureux officier que je remplaçais n'avait pas été tué le 16 par un Allemand, mais par un maréchal des logis du 3ᵉ dragons, dans la confusion qui suivit la sonnerie du ralliement[1]. Je vois encore ce sous-officier à cheval, ayant perdu son casque, la lame de son sabre rouge de sang et pendue à la dragonne, venir

---

[1]. Un de mes camarades, le capitaine Hepp, du 8ᵉ cuirassiers, à cette époque maréchal des logis chef de l'escadron de M. Richet, m'a raconté qu'il a entendu le pauvre officier dire, au moment où il était traversé par le sabre du dragon du 3ᵉ : « Mais je suis Français ! »

d'un air désespéré dire au colonel occupé à rallier ses escadrons sur le plateau. « Mon colonel, je viens de tuer un officier de votre régiment! — Vous travaillez bien, vous! » se contenta de lui répondre tristement M. de Latheulade.

Ce fait malheureusement ne fut pas isolé et plusieurs lanciers de la Garde éprouvèrent ce jour-là le même sort par suite d'une méprise d'uniforme bien regrettable.

Le 31 août, à 10 heures du matin, la canonnade se fit entendre au delà du fort Saint-Julien, qui bientôt se mêla à la conversation en faisant entendre sa grosse voix. On fit immédiatement plier les tentes et seller les chevaux. Vers 6 heures du soir, nous montâmes à cheval et toute la division de cavalerie s'achemina vers le fort. Une grande partie de la population de Metz était montée sur les hauteurs qui avoisinent le Saint-Julien et assistait à la bataille. En route nous rencontrions beaucoup de personnes qui rentraient en ville et, d'après leur dire, la bataille allait très bien pour nous. Nos troupes venaient d'enlever à la baïonnette le village de Servigny-les-Sainte-Barbe, et les Prussiens avaient reculé sur toute la ligne de plus d'un kilomètre.

Nous arrivâmes à la nuit sous le fort Saint-

Julien. Il avait cessé son feu, mais le combat continuait encore au loin dans la plaine.

L'obscurité nous empêchait de voir distinctement la bataille, mais le village de Servigny, auquel les Prussiens avaient mis le feu en se retirant, jetait pourtant une sombre lueur sur le fond du tableau.

On mit les chevaux à la corde et on alluma les feux de bivouac; puis on mangea les quelques provisions apportées dans les bissacs.

Les miennes se bornaient à un biscuit et une tablette de chocolat, le tout arrosé d'une goutte d'eau coupée avec du rhum.

Vers 10 heures du soir, le feu avait cessé partout; mais, à 3 heures du matin, les Prussiens firent un retour offensif sur le village de Servigny, qu'on avait eu l'imprudence de ne pas faire occuper sérieusement, et en chassèrent nos troupes. Je crois qu'il n'y avait à ce moment dans le village qu'un bataillon de chasseurs à pied, qui fut attaqué au moment où il faisait une distribution.

Le lendemain 1ᵉʳ septembre, la bataille recommença de plus belle à la pointe du jour. Nous voulions reprendre le village de Servigny qu'il aurait cependant été si facile de garder en le faisant occuper par des forces suffisantes.

Nous étions montés à cheval, ainsi que le reste de la division, et on nous avait massés en colonne par escadrons à côté d'une batterie de mitrailleuses de la Garde. Cette situation était dangereuse pour nous, car si les mitrailleuses avaient tiré, les Prussiens répondaient évidemment, et leurs obus tombant en plein dans toute cette masse de cavalerie, en aurait fait une bouillie complète.

Vers 11 heures et demie, nous battions en retraite vers Metz. Nous n'avions certes pas été vaincus, car il restait encore des corps d'armée et la Garde qui n'avaient pas donné, mais on obéissait à l'ordre du maréchal Bazaine. En effet, à midi précis, le feu cessa comme par enchantement de part et d'autre et chacun eut l'air de rentrer chez lui, tant les Prussiens que nous.

La division de cavalerie de la Garde revenait au bivouac de Chambière qu'elle ne devait plus quitter que le jour de la capitulation.

Que vous dirai-je maintenant des tristes événements qui suivirent les combats du 31 août et du 1er septembre? Le 7, le colonel nous réunit et nous apprit la capitulation de Sedan, la captivité de l'Empereur, et par suite l'anéantissement de l'armée de Mac-Mahon, sur lequel nous avions compté pour nous aider à nous faire jour, de même que le commandant de l'armée de Sedan avait compté sur le concours de l'armée de Metz.

L'ennemi, depuis huit jours, avait établi partout des batteries formidables et nous enserrait comme dans un cercle de fer. Nous étions sans la moindre nouvelle de l'intérieur et c'était peut-être ce qu'il y avait de plus dur dans notre situation.

Le mois de septembre, à part l'entreprise sur Peltre par la brigade Lapasset, ne fut signalé par aucun événement important. Les jours se succédaient régulièrement, sans rien apporter de nouveau, et le silence de la nuit n'était interrompu que par le bruit des canons des forts qui tiraient sur les ouvrages qu'élevaient les Prussiens, ou pendant le jour sur leurs colonnes ou leurs convois lorsqu'ils passaient trop près de nos lignes de défense.

Pour donner de mes nouvelles à mes parents, j'avais eu recours aux ballons-poste qui partaient chaque jour pour Paris, mais ce moyen était bien hasardé. En effet rien ne leur parvint.

Vers la fin de septembre, la viande de bœuf vint complètement à manquer et on commença à attaquer les chevaux de cavalerie. Au bout de dix jours, le régiment n'avait plus que deux escadrons montés, les trois autres étaient à pied et on distribua des chassepots aux hommes.

Ceci se répétait dans tous les régiments de cavalerie et dans quelques régiments d'artillerie. Du reste, les malheureux chevaux qui restaient étaient d'une maigreur effrayante faute de nourriture, et on était réduit à aller leur chercher des feuilles de vigne et des branchages de toute sorte pour remplacer le foin qui manquait complètement depuis déjà quinze jours. Je me rappelle avoir payé une botte de paille pour ma jument 4 francs. Bientôt on fit choix dans les deux escadrons montés d'un certain nombre de chevaux pour la boucherie.

Ces malheureux chevaux ne recevaient plus alors aucune distribution. Le peu d'avoine restant étant destiné aux chevaux conservés pour faire le service. Les chevaux de la première catégorie étaient alors conduits dans une prairie dépendant d'une grande ferme appelée la Grange-aux-Dames, et là, pendant cinq ou six heures, ils broutaient le peu d'herbe qui restait.

Plusieurs d'entre eux ne pouvaient pas aller jusque-là et tombaient en route ; alors, lorsqu'ils n'avaient plus la force de se relever, on les tirait jusqu'auprès d'une fosse creusée à cet effet et on les assommait d'un coup de masse, puis on les jetait dans la fosse ; mais avant, les troupiers se précipitaient dessus et avec leurs couteaux découpaient de larges morceaux de viande sur le corps du malheureux cheval qui souvent palpitait encore. Vous dire ce que ce spectacle avait d'horrible est quelque chose d'impossible ; mais comme j'y ai assisté malheureusement trop de fois, je puis en garantir l'authenticité. J'oublie de parler des chevaux qui mouraient de faim à la corde et qu'on trouvait par terre au milieu des autres le lendemain matin.

Vers le 15 octobre, toute la cavalerie était à pied et l'artillerie n'avait plus de chevaux pour traîner ses pièces. Les hommes étaient réduits à 200 grammes de pain par jour, et quel pain ! Le sel manquait complètement ; un kilo de porc se vendait 36 francs, le kilo de sel 18 francs et une livre de pain fait avec du son et de la paille 5 francs. La misère dans Metz était à son comble et les tout petits enfants qui ne pouvaient supporter cette nourriture grossière mouraient par centaines ; joignez à cela le typhus qui régnait dans les hôpitaux, où presque tous les amputés mouraient de la fièvre purulente, et vous aurez un aperçu de l'affreuse situation où se trouvait la ville. Aucune nouvelle ne parvenait de l'intérieur et celles que les Prussiens faisaient passer n'étaient pas de nature à remonter le moral de la population et de l'armée.

Comme je crois l'avoir dit dans un chapitre précédent, j'étais lié d'amitié avec le fils du préfet de Metz, sous-lieutenant au 3ᵉ lanciers. J'allais, par suite, dîner quelquefois à la préfecture pendant le blocus. Le pain n'était ni meilleur ni plus abondant qu'à la table du plus pauvre des habitants.

Pendant ces tristes jours, l'énergie et le patriotisme de M. Odent furent au-dessus de tout éloge, et je saisis cette occasion pour rendre hommage à la mémoire du dernier préfet français du département de la Moselle.

Aussitôt les premiers combats du mois d'août, une partie de la préfecture avait été transformée en ambulance, et dès ce moment les blessés et les malades comptèrent dans Mme Odent une sœur de charité de plus. Cependant tout le monde s'étonnait de l'inaction dans laquelle le commandant en chef laissait l'armée. Enfin le 7 octobre il livra le combat de Ladonchamps dans la plaine de Thionville. Tout le monde pensait que c'était la fameuse trouée dont il était question depuis quelque temps, et que le manque de vivres rendait indispensable si on ne voulait pas en venir forcément à une capitulation. Mais la lutte fut engagée avec une très grande infériorité numérique de troupes; on avait du reste, faute d'attelages, très peu de canons à opposer aux innombrables batteries de l'ennemi, toute notre artillerie ayant, comme la cavalerie, mangé ses chevaux. Malgré cela, nos soldats réussirent par leur bravoure à s'emparer des Grandes-Tapes, mais on ne devait pas pousser en avant, car, après avoir perdu un millier d'hommes, la retraite fut ordonnée vers 6 heures du soir. Les voltigeurs et les chasseurs à pied de la Garde, marchant à la baïonnette, s'étaient couverts de gloire dans cette journée et avaient fait plus de 500 prisonniers aux Prussiens. Néanmoins le bataillon de chasseurs avait fait des pertes sensibles.

La plupart de ces prisonniers étaient des landwehriens du duché de Posen. J'assistais à la fouille qu'on fit de leurs sacs pour saisir les papiers dont la traduction pouvait intéresser l'état-major général. J'adressai la parole en allemand à un de ces hommes. Il maudissait la guerre et pleurait au souvenir de sa femme et des cinq enfants qu'il avait laissés dans son pays. Parmi ses papiers, la plupart insignifiants, se trouvait une chanson imprimée qu'il me donna. Elle avait pour titre : *Chanson du soldat allemand en marche*, sur l'air : *Je suis un Prussien*. Voici la traduction du premier couplet :

Camarades, marche !
Nous allons contre les Français.
Demandez à vos pères ce qu'ils vous ont fait.
Hurrah ! Voyez comme courent les pantalons rouges.
Nous fils, nous partons à la chasse des Français.
Bien que jeunes, nous serons dignes de nos pères.
Nous rayonnerons dans la gloire
Sur le champ de bataille
Comme le soleil qui brille.
Nous sommes devenus Allemands
Et nous voulons rester Allemands !

Cette chanson est curieuse et peint bien la haine entretenue en Allemagne contre l'ennemi héréditaire, l'*Erbfeind* comme on nous appelle.

Le 19 octobre une communication officielle était faite verbalement aux officiers par les colonels en présence des généraux de brigade.

Dans cet entretien, on nous disait que les approvisionnements de la place diminuant de plus en plus, le maréchal avait cru devoir entrer en pourparlers avec l'ennemi. Le général Boyer, son premier aide de camp, avait été envoyé à Versailles au quartier général du roi Guillaume. Le général Boyer ayant exposé au roi le sujet de sa mission, le général de Moltke avait pris la parole et déclaré que l'armée de Metz devait subir le sort de l'armée de Sedan et se rendre prisonnière de guerre. M. de Bismarck avait alors fait observer que la question politique devait primer la question militaire, et dit qu'il serait disposé à une convention qui permettrait à l'armée de Metz de se retirer sur un point désigné du territoire français, afin d'y protéger les délibérations nécessaires pour assurer la paix. Cette idée était suggérée à M. de Bismarck par les difficultés que faisait naître pour le gouvernement prussien l'absence, en France, de tout gouvernement reconnu, l'Impératrice ayant été obligé de quitter Paris devant l'émeute triomphante et un gouvernement, dit de la Défense nationale, ayant été proclamé le 4 septembre à l'Hôtel de Ville.

De plus, le général Boyer avait appris pendant son voyage que la France était plongée dans l'anarchie la plus complète. Cette anarchie, le gouvernement provisoire étant dispersé, les différentes villes ne s'entendant pas quant à la forme du nouveau gouvernement, les princes d'Orléans ou le comte de Chambord ne s'étant pas présentés, on ne pouvait songer à établir des bases de négociations qu'en s'adressant au gouvernement de fait et de droit qui avait existé jusqu'au 4 septembre, c'est-à-dire à la Régente. Si l'Impératrice-régente n'acceptait pas, on s'adresserait à la Chambre des députés qui avait été aussi chassée par l'émeute au 4 septembre. Toutefois, pour que cette assemblée pût se réunir de nouveau et surtout délibérer librement, il fallait une armée pour la protéger et on destinait ce rôle à l'armée de Metz. On nous recommanda ensuite de dire aux troupes de supporter encore quelques jours les privations provenant de l'état de blocus, mais que sous peu elles partiraient pour remplir une nouvelle mission patriotique. Officiers et soldats nous accueillîmes cette communication comme un dernier espoir; mais, hélas! il devait être de bien courte durée.

Le général Boyer était reparti pour Versailles, et, de là, il allait en Angleterre trouver l'Impératrice Eugénie et lui porter les propositions de M. de Bismarck.

L'Impératrice opposa un refus formel de traiter avec l'Allemagne, étant donnée la situation qui lui avait été faite par la Révolution du 4 septembre. Le général Boyer revint alors rapporter au maréchal Bazaine la réponse de l'Impératrice et ce dernier, dès le lendemain, envoya son chef d'état-major, le général Jarras, au prince Frédéric-Charles, commandant l'armée allemande devant Metz, et la capitulation fut décidée et signée, le 27 octobre, au château de Frescaty qui était le quartier général du prince.

La chose fut tenue secrète jusqu'au dernier moment, car on craignait la colère des troupes;

mais le 30 au soir, on lut l'ordre général suivant, qui ne permettait plus de douter.

Il était conçu en ces termes :

ORDRE GÉNÉRAL N° 12

A L'ARMÉE DU RHIN

« Vaincus par la famine, nous sommes contraints de subir les lois de la guerre, en nous constituant prisonniers. A diverses époques de notre histoire militaire, de braves troupes commandées par Masséna, Kléber et Gouvion Saint-Cyr, ont éprouvé le même sort qui n'entache en rien l'honneur militaire, quand, comme vous, on a aussi glorieusement accompli son devoir jusqu'à l'extrême limite humaine. Tout ce qu'il était loyalement possible de faire pour éviter cette fin a été tenté et n'a pu aboutir. Quant à renouveler un suprême effort pour briser les lignes fortifiées de l'ennemi, malgré votre vaillance et le sacrifice de milliers d'existences qui peuvent être encore utiles à la patrie, il eût été infructueux, par suite de l'armement et des forces écrasantes qui gardent et appuient ces lignes ; un désastre en eût été la conséquence.

Soyons dignes dans l'adversité, respectons les

conditions honorables qui ont été stipulées, si nous voulons être respectés comme nous le méritons. Évitons surtout, pour la réputation de cette armée, des actes d'indiscipline comme la destruction d'armes et de matériel, puisque, d'après les usages militaires, places et armements devront faire retour à la France lorsque la paix sera signée.

« En quittant le commandement, je tiens à exprimer aux généraux, officiers et soldats, toute ma reconnaissance pour leur loyal concours, leur brillante valeur dans les combats, leur résignation dans les privations, et c'est le cœur brisé que je me sépare de vous.

« *Le maréchal de France, commandant en chef,*

« BAZAINE. »

Nous fûmes tous terrifiés après cette lecture ; les larmes nous vinrent aux yeux, et le plus cruel abattement succéda à la lueur d'espoir que nous avions encore de sortir de notre triste situation d'une façon plus honorable.

Le lendemain 31, les hommes furent conduits à des endroits désignés pour déposer leurs fusils, mais la plupart les brisèrent de colère, afin que l'ennemi n'en eût que les morceaux. Le maréchal avait ordonné que tous les drapeaux fussent portés à l'arsenal pour y être brûlés. Au lieu d'accomplir cet ordre, plusieurs colonels — *mais ce fut malheureusement le petit nombre* — firent détruire les aigles devant eux et découper la soie du drapeau en mille pièces dont chaque homme eut un morceau, qu'il emporta religieusement. Les régiments de cavalerie n'avaient pas emporté leurs étendards pour la campagne; ils échappèrent ainsi au désastre.

A midi, les officiers désignés, et au régiment je fus du nombre, allèrent conduire leurs soldats pour les remettre entre les mains des commissaires prussiens.

Je vivrais cent ans que je n'oublierai jamais cette horrible journée. L'armée prussienne rangée en grande tenue des deux côtés de la route, jusqu'à un endroit appelé le *Tourne-bride* de la route de Nancy, et nos pauvres soldats sans armes, le bâton à la main et le sac au dos, pateaugeant sur cette route détrempée, car il pleuvait depuis l'avant-veille, et obligés de passer ainsi sous les yeux de l'ennemi. C'était atroce!

Nous marchions à cheval, au nombre de cinq officiers en tête du régiment, et les officiers prussiens qui étaient devant leurs troupes nous saluaient de l'épée au moment où nous arrivions à leur hauteur. Le prince Frédéric-Charles, comme marque d'estime, nous avait laissé nos sabres, mais c'était un bien faible adoucissement à notre malheur.

Au *Tourne-bride*, il fallut se séparer de nos hommes, et là il y eut une scène difficile à dépeindre. Ces malheureux venaient successivement en pleurant nous serrer les mains, et je ne pus pas plus que mes camarades retenir mes larmes. Les Prussiens eux-mêmes étaient émus. Cette triste cérémonie accomplie, nous revînmes au plus vite à notre bivouac de Chambière.

Le soir, la musique prussienne jouait sur la place d'armes à Metz et ses accents de triomphe arrivaient jusqu'à nous.

Il fallut rester deux jours encore avant de partir pour l'Allemagne, et nous souhaitions tous voir arriver ce moment, tant le contact de l'ennemi nous était insupportable. Enfin, le 2 novembre, tous les officiers de la Garde étaient réunis à la gare de Metz.

En arrivant, chacun de nous, remettait à un officier allemand un bout de papier sur lequel étaient écrits son nom, son grade et son régiment. Je suppose que ce renseignement devait servir à contrôler les listes d'appel que l'autorité allemande s'était fait donner au moment de la capitulation.

Il était près de 3 heures de l'après-midi, lorsque nous montâmes dans les wagons de troisième classe qui devaient nous conduire à Cologne. Avant de partir, on fit charger les armes, avec une certaine affectation, au détachement d'infanterie qui devait nous accompagner. Nous restâmes encore plus de deux heures dans la gare; enfin, vers 5 heures, le train se mit en marche et la nuit, descendant lentement, nous cacha les traces de l'invasion dont nous relevions à chaque pas les tristesses.

A 10 heures du matin, après avoir passé, sans arrêt, à Mayence et à Coblentz, on arriva à Bingen. Le soleil s'était levé sur le Rhin. Très large en cet endroit, le vieux fleuve nous apparaissait dans toute sa majesté. Ces superbes bords, si dignes de nos convoitises, et que la victoire aurait pu nous donner, nous les côtoyions, hélas! Vaincus et captifs, sous les regards moqueurs des Allemands accourus aux stations avec leurs enfants. Ces derniers avaient appris à nous saluer ironiquement de ces mots : « *Eh! la grande nation*[1]*!* » qu'ils prononçaient en ouvrant des

---

[1]. Celui qui avait forcé, par ses victoires, tous les peuples à nous appeler ainsi, n'a eu qu'un tort : c'est, après Iéna, de n'avoir pas rayé complètement la Prusse de la carte d'Europe. Et il le pouvait facilement.

bouches fendues jusqu'aux oreilles et en accompagnant d'un gros rire cette plaisanterie peu généreuse. Je n'ai pas souvenir d'avoir vu accueillir de cette lourde façon les prisonniers russes ou autrichiens qui passèrent en France après les guerres de Crimée et d'Italie. Mais on sait que la générosité n'a jamais été chez les Allemands la qualité dominante.

A Bingen, un officier prussien, appartenant à l'état-major, s'avança sur le quai, et se plantant raide comme un piquet, la main à la visière de son casque à pointe, fit entendre en assez bon français ces paroles : « Messieurs les officiers de la Garde, le roi de Prusse, mon maître, a fait préparer ici un déjeuner froid pour messieurs les officiers, et ces messieurs nous feront plaisir s'ils veulent bien accepter. » Je dois avouer que notre premier mouvement fut de ne pas descendre des wagons. Mais, à la réflexion, il n'y avait peut-être pas grand mal à accepter le déjeuner de Sa Majesté prussienne, et, pour tout dire, nous mourions de faim. L'esprit fut donc encore dominé une fois par la matière, et nous nous dirigeâmes vers la *restauration* où se trouvaient dressées des tables couvertes de viandes froides, de saucissons et de pâtés ; mais, chose extraordinaire, lorsque nous demandâmes à boire, on nous répondit qu'il fallait payer le vin ou la bière. Singulière façon d'inviter les gens à manger sans boire. J'achetai une bouteille de vin du Rhin à long col, qu'on me fit payer atrocement cher. On remonta en wagon. Le train marchait avec une lenteur désespérante, à cause des nombreux convois de troupes se dirigeant vers la France et que nous croisions à chaque instant.

Enfin, vers 9 heures du soir, nous entrions dans la gare de Cologne. Des tables étaient encore installées à notre intention dans les salles d'attente et sur le quai; mais cette fois, la nourriture qu'on nous offrait consistait simplement eu une espèce de soupe blanche ressemblant à de la colle. Deux soldats portaient une immense soupière en forme de baquet et un sous-officier, armé d'une cuillère à pot, passait derrière vous en vous glissant à l'oreille ces mots : « *Wollen sie?* (Voulez-vous?) » et, suivant votre réponse, remplissait de ce potage vraiment extraordinaire l'assiette placée devant vous.

Ce souper terminé, on nous conduisit entre deux rangs de fusiliers à la caserne d'artillerie où nous devions passer la nuit. Toute la population était aux fenêtres ou sur les trottoirs pour nous voir passer; mais, grâce à Dieu, elle ne manifesta en aucune façon ses impressions.

Arrivé dans les chambres, je fus frappé par le système de lits superposés qui servent à coucher les soldats prussiens. On avait distribué à chacun de nous une paire de draps, mais personne ne fit son lit et on se contenta de s'étendre sur les matelas. Le lendemain matin nous étions réunis dans la cour pour l'appel. On nous fit alors signer un papier d'après lequel nous prenions l'engagement, sur l'honneur, de ne pas chercher à nous évader. A cette condition il nous fut permis de circuler librement dans la ville et même de nous loger dans les hôtels.

Rendez-vous était pris pour le lendemain dans la cour de la caserne afin de choisir les différentes villes désignées pour recevoir les officiers prisonniers.

Un major de la landwehr, entouré de quelques officiers du même corps, nous attendait. Il nous adressa un petit discours qui impressionna désagréablement tout le monde et en particulier ceux qui ne l'avaient pas mérité.

« Messieurs, nous dit le major, j'ai appris par les rapports de police que des officiers français ont mal parlé dans les cafés de l'Empereur Napoléon et de ses généraux. L'Empereur Napoléon, Messieurs, est prisonnier comme vous, il est malheureux, il a droit à votre respect, et nous ne souffrirons pas qu'on l'insulte. Ceux d'entre vous, Messieurs, qui nous seraient encore signalés, seront mis en forteresse. »

Il n'y avait rien à dire, et il fallut baisser la tête sous cette leçon doublement dure, car elle venait du vainqueur.

Je dois dire que la population, lorsque nous circulions dans les rues, était loin de nous être hostile. Seuls les gamins étaient ennuyeux, car ils nous poursuivaient toute la journée pour nous demander des boutons de notre uniforme comme souvenir.

A Cologne, je couchai pour la première fois dans un lit, à l'*hôtel Centrale Marzellenstrasse* n° 10, près *le Dôme*. Après trois mois passés au bivouac, il me fut impossible d'y dormir.

J'avais choisi, je ne sais trop pourquoi, Bad-Dribourg, petite station balnéaire de Westphalie, comme lieu de captivité. Le lendemain, vers 4 heures, au nombre de cinquante, pris parmi les différents régiments, nous partions pour cette destination.

L'officier qui nous conduisait à la gare était le fils du fameux Jean-Marie Farina, le fabricant d'eau de Cologne. Il nous dit qu'il était très étonné, et qu'il regrettait que nous n'ayons pas ouvert les petites caisses de cette eau de toilette qu'il avait fait déposer à notre intention à la caserne d'artillerie. Après avoir vidé à la *restauration* un bock de bière avec le fils Farina, nous partions, sans escorte cette fois, pour Dortmund, où le train s'arrêta à 8 heures du soir. J'allai avec trois de mes camarades coucher à l'hôtel de l'*Empereur romain*. Avant de gagner nos chambres, nous entrâmes pour souper dans la salle commune.

Plusieurs bourgeois ou notables de la ville, assis à une longue table et paraissant plongés dans la béatitude la plus complète, vidaient tranquillement des bouteilles de vin du Rhin au milieu d'un nuage épais provoqué par la fumée de leurs énormes cigares. L'entrée de quatre officiers français, le sabre au côté, parut les sortir pour un instant de leur torpeur. Un sentiment de surprise, auquel se mêlait une certaine politesse, les fit se lever. Ils nous invitèrent alors par signes à prendre place à leur table. J'étais le seul de mes camarades parlant allemand et j'engageai la conversation avec mes voisins. Ils déploraient la guerre et les malheurs qui en sont la conséquence. Ces messieurs paraissaient du reste professer les théories humanitaires et même socialistes les plus avancées.

Comme je m'étonnais de ce qu'ils buvaient du

vin au lieu de bière, tandis que c'est le contraire qui se pratique en France après les repas, l'un de mes voisins me répondit que j'ignorais sans doute le proverbe allemand :

> Bier auf Vein
> Das kann nicht sein.
> Vein auf Bier
> Das rath ich dir[1].

Là-dessus on alla se coucher, et je goûtai pour la seconde fois le plaisir de coucher dans un lit, qui, bien qu'allemand, c'est-à-dire mal fait, ne m'en parut pas moins bon.

A 7 heures du matin, nous partions enfin pour Bad-Dribourg où nous arrivâmes vers 11 heures.

« Bab-Dribourg, ville de Prusse, province de Westphalie, dit le dictionnaire de Larousse, à 59 ,5 de Minden, sur l'Aa, 2 200 habitants, sources sulfureuses, ferrugineuses et acidulées avec établissement de bains. Les sources de Dribourg au nombre de dix étaient déjà connues à la fin du xviie siècle, mais ce n'est qu'en 1782 qu'elles commencèrent à être fréquentées.

> La bière après le vin,
> Cela ne peut pas être.
> Le vin après la bière,
> Je te le conseille.

« On les regarde comme les plus efficaces de l'Allemagne après celles de Pyrmont. »

La petite localité que nous avions choisie était peut-être parfaite pour les malades qui viennent chercher la santé à ses sources sulfureuses, ferrugineuses et acidulées; mais j'avoue que je fus terrifié, ainsi que mes compagnons d'infortune, à la pensée de rester un temps forcément indéterminé dans un séjour aussi sévère. Ce n'est pas que le pays ne fût très pittoresque et les promenades variées, mais nous tombions dans un vrai village et la captivité allait nous paraître doublement pénible. La seule chose qui pouvait l'adoucir était l'absence complète de casques à pointe. Il n'y avait pas un soldat, et, à part les employés de la poste, dont la tunique et la casquette d'uniforme nous rappelaient le vainqueur, nous aurions pu, en nous bouchant les oreilles, nous croire en France.

Cette fois nous étions bien véritablement prisonniers sur parole. Quelques-uns de mes camarades étaient tentés de gagner la Hollande, prétendant qu'on ne trouverait jamais une meilleure occasion de s'évader. Nous les dissuadâmes de ce projet en leur faisant observer que nous étions bien plus liés par notre parole dans un pays où l'autorité allemande n'était pas représentée, que dans une ville pleine de soldats du roi Guillaume.

La plupart d'entre nous s'étaient logés chez l'habitant. Quant à moi, j'étais descendu avec une dizaine de mes camarades au seul hôtel convenable : l'hôtel Kothe, du nom de son propriétaire. Ce digne M. Kothe était le type de l'hôtelier allemand : très actif malgré son gros ventre, empressé et poli jusqu'à l'obséquiosité. A notre premier repas, il fut complètement terrifié de la façon dont nous mangions du pain. Nous en étions privés depuis si longtemps! M. Kothe était secondé par ses trois nièces : Francisca, Dina et Elvira. Elles servaient à table, et le soir, leur ouvrage terminé, venaient tricoter autour de l'immense poêle en faïence qui était le plus bel ornement de la *Gast Zimmer* (salle à manger). Ces demoiselles étaient au début un peu timides, mais elles s'apprivoisèrent assez vite dans le grand désir qu'elles semblaient avoir d'apprendre le français. Francisca et Dina étaient blondes, Elvira au contraire était une brune au teint mat, avec de grands yeux bleus. Elle était vraiment jolie, et ma connaissance de la langue allemande me permit dès le premier jour de causer agréablement avec elle, tout en restant dans les limites que me prescrivaient et sa situation dans la maison et ma qualité d'officier français prisonnier.

Cela aidait à passer les soirées qui auraient été bien plus tristes encore si nous avions été réduits à nous-mêmes.

Le vétérinaire en premier de mon régiment, M. P..., logé aussi à l'hôtel, et que les nièces de notre hôte laissaient complètement froid, nous amusait quelquefois par sa conversation pleine d'originalité.

En arrivant à Dribourg, il avait, disait-il, été tenté un instant de se détruire.

« Pensez donc, lui un savant, auteur d'un ouvrage sur le cheval antédiluvien, il ne trouvait, dans ce pays, ni bibliothèque, ni savant, enfin personne avec qui causer sciences et histoire naturelle ; car, ajoutait-il, ce n'étaient pas les *guerriers*, avec lesquels il était condamné à vivre depuis plus de vingt-neuf ans, qui pouvaient être pour lui une ressource. » Ce n'était pas très aimable pour nous.

— Mais, docteur, lui disais-je un soir (on le flattait beaucoup en l'appelant docteur), vous avez chargé avec nous le 16 à Gravelotte.

— Je crois bien, me répondit-il, bien malgré moi, car vous savez que ma mission est toute de paix, mais j'ai été emballé par mon cheval qui a voulu à toute force suivre les autres.

— Et avez-vous mis l'épée à la main une fois dans la mêlée?

— Je m'en serais bien gardé.

— Mais alors, lui fis-je observer, comment avez-vous fait pour ne pas être frappé par les nombreux cavaliers qui nous entouraient?

— Ah! c'est que je leur faisais signe de la main pour les écarter lorsque j'en voyais se diriger vers moi, et je leur disais : « Vous savez, je n'en suis pas, moi, de ces égorgements en plein XIXe siècle. »

— Et ils s'éloignaient? Cela m'étonne, car ils ne devaient pas vous comprendre et vos arguments ne leur auraient peut-être pas semblé suffisants.

— Je crois, me dit pour finir M. P..., que c'est le couvre-nuque blanc que je portais sur mon képi qui m'aura sauvé, car ils m'ont pris sans doute pour un médecin de la Société internationale de secours aux blessés.

Qu'on ne croie pas que j'invente à plaisir des histoires, tous les officiers présents ont entendu comme moi notre vétérinaire débiter très sérieusement ses théories humanitaires. On riait de bon cœur ces soirs-là, et nous oubliions, pour un moment, et notre triste position et les malheurs de la patrie.

Un juif, tailleur ambulant, vint dans les premiers jours de notre arrivée nous offrir des vêtements bourgeois. Tous les officiers prisonniers lui en achetèrent. Pour ma part, je fis choix d'une grande houppelande avec collet de peau et d'un bonnet en fourrure semblable à ceux que portent les paysans de la Forêt-Noire et du grand-duché de Bade. Je me fis faire une culotte en drap noir et, chaussé de hautes bottes jaunes qui me montaient aux genoux, je me trouvais en mesure d'affronter les rigueurs de la température.

Notre excellent vétérinaire trouva, à sa grande joie, une casquette en peau de loutre, se rabattant sur les oreilles, qu'il déclara avoir cherchée vainement depuis vingt-cinq ans.

Ces achats de couvre-chefs nous amenèrent à parler, à la veillée, de la phrénologie et du système de Gall.

— Je crois, dis-je à M. P..., que Gall prétend que l'intelligence, et à plus forte raison le génie, sont presque toujours logés dans les plus grosses têtes.

— Il se trompe, me répondit avec feu le vétérinaire. Ainsi voyez, moi, qui ai la tête grosse comme le poing, d'après Gall on me prendrait pour un crétin et je ne suis pourtant pas un imbécile!

Pendant la journée je faisais de longues promenades avec deux bons camarades, MM. Mégard de Bourgeolly, lieutenant aux cuirassiers de la Garde, et René Danloux, sous-lieutenant aux dragons de l'Impératrice. C'étaient deux charmants compagnons que j'ai malheureusement perdus de vue depuis longtemps, mais dont je conservera toujours le meilleur souvenir.

Mes parents étant bloqués dans Paris il m'était impossible de leur faire parvenir de mes nouvelles ; et ils devaient être dans une inquiétude mortelle n'ayant pas reçu de lettre de moi depuis le 13 août. Il me vint à l'idée d'écrire à un de mes oncles habitant près de Montreuil-sur-Mer une propriété où j'ai passé de bien heureux jours étant enfant.

Ma lettre lui étant arrivée facilement par la Belgique, mon oncle eut la chance, vers la fin de décembre, de faire passer un mot à l'adresse de mes parents, par pigeon-voyageur.

Mon père reçut la bienheureuse dépêche qui était ainsi conçue :

« Marcel, prisonnier, bien portant, officier, Bad-Dribourg, Westphalie. »

Il dut prendre certaines précautions et user de ménagements pour annoncer cette bonne nouvelle à mon excellente mère, qui pleurait son fils, mort certainement, disait-elle, dans une des batailles livrées sous Metz.

VII

Le major de Paderborn. — Nous sommes envoyés à Münster. — Notice historique sur cette ville. — Le traité de Westphalie, 1648. — Le coq du bourgmestre et coutumes allemandes. — Le major Flotow et les lettres des officiers prisonniers. — — Un volontaire d'un an hanovrien. — Manière dont furent traités les prisonniers. — Réponse de l'Empereur à nos vœux pour le 1ᵉʳ janvier 1871. — La paix est signée. — Une dépêche de M. Jules Simon. — Nous sommes rendus à la liberté. — J'arrive à Paris dans la nuit du 17 mars. — Aspect de la capitale. — Ma joie de revoir mes parents. — La révolution du 18 mars. — Assassinat des généraux Clément Thomas et Lecomte. — Mon père quitte Paris. — La garde nationale à la gare Montparnasse. — La gendarmerie à la gare de Meudon. — Entretien de mon père avec M. Dufaure à Versailles.

Le 30 novembre, un major d'infanterie, accompagné d'un lieutenant appartenant à la landwehr, vint de Paderborn nous apporter la solde[1]. Le

---

[1]. Le gouvernement allemand donnait douze thalers par mois aux sous-lieutenants prisonniers. Le thaler valant 3 fr. 75, cela

major était un petit bonhomme, la moustache blanche coupée en brosse : type du vrai Prussien se renfermant dans son col et dans sa dignité. Le lieutenant, bon garçon et beaucoup moins raide que son chef, devait être quelque apothicaire appelé pour la guerre. Ces messieurs dînèrent à midi avec nous à l'hôtel Kothe. On me plaça près du major pour servir d'interprète ; mais mes fonctions de *drogman* se bornèrent à très peu de chose car le major, mangeant et buvant beaucoup, ne parla pour ainsi dire pas. Cette visite, qui avait pour but aussi de constater notre présence par la feuille d'émargement, fut le signal de notre déplacement.

Le 2 décembre, c'est-à-dire trois jours après le passage de ces officiers, nous recevions l'ordre, au grand désespoir de notre hôte, de partir pour Münster, où la surveillance des prisonniers était plus facile. Nous devions y rester jusqu'à la paix.

Münster, où nous arrivâmes le 3 décembre pour coucher, est le chef-lieu de la province de Westphalie. C'est une ville de 25 000 habitants sur l'Aa, affluent de l'Ems. Autrefois, c'était un évê-

---

représentait une somme de 45 francs, avec laquelle il fallait s'entretenir, se loger, se chauffer, et se nourir. C'était maigre et les officiers qui n'avaient aucune ressource personnelle furent bien malheureux pendant ce rigoureux hiver de 1870-71.]

ché indépendant qui fut sécularisé en 1805. Münster a encore aujourd'hui le caractère d'une ville du moyen âge et ses maisons à arcades lui donnent un aspect tout particulier.

Ses anciens évêques, qui s'étaient élevés au rang de princes indépendants, avaient acquis une grande puissance temporelle et ils entretenaient deux régiments de cavalerie et un d'infanterie.

Cette ville est pleine du souvenir de Jean de Leyde (1533) qui a inspiré Meyerbeer pour faire son magnifique opéra du *Prophète*.

En visitant le *Rathhaus* (hôtel de ville), bel édifice du xve siècle, on nous montra la salle dans laquelle fut signé le traité de Westphalie en 1648, *qui nous donnait l'Alsace!* avec Vieux-Brisach et Philipsbourg au delà du Rhin et, de plus, nous confirmait la possession des Trois-Évêchés.

Les murs de la salle du traité sont ornés des portraits des souverains et des ambassadeurs qui prirent part au congrès; ils ont été peints par G. Terburg. Parmi ces portraits, celui de Louis XIV enfant attira tout naturellement notre attention. Nos réflexions sur la comparaison du temps présent avec l'époque du traité de 1648 n'étaient pas gaies.

On nous montra aussi dans cette salle un coq en argent formant *vidercome* pouvant contenir près de deux litres, et qu'on remplit de vin du Rhin à chaque nomination de bourgmestre ; le nouveau magistrat en prenant possession de sa charge doit le vider d'un trait. Les Allemands aiment les tournois bachiques et les grands récipients. Témoin ce coq, qui n'est certainement pas le seul, la botte de Wallenstein, le tonneau de Heidelberg et, de nos jours, les assauts de chopes auxquels les étudiants se livrent dans les villes universitaires. Il n'est pas rare de voir de ces messieurs faire le pari de vider douze chopes de bière pendant que midi sonne.

Nous visitâmes aussi le *Schloss* (le château), bel édifice avec un superbe parc planté de vieux arbres et attenant à un lac.

Pendant ces tristes jours d'hiver et de captivité une de nos principales distractions était de nous rendre à ce lac, regarder les jeunes Allemandes patiner. Le sexe laid était représenté par quelques officiers de la garnison et par les jeunes gens de la ville, pour la plupart étudiants de l'Université catholique. Les officiers patinaient le sabre au côté. Quant aux femmes, elles étaient généralement assez habiles à cet exercice dans lequel elles aiment à déployer toutes leurs grâces.

Nous avions comme commandant de place et

chargé de la haute surveillance des prisonniers de guerre le major d'artillerie Flotow, Hanovrien d'origine et parent de l'auteur de *Martha*. Ce major appartenait à la landwehr, comme l'indiquait la petite croix qui coupait la cocarde de sa casquette d'uniforme. Il était très brave homme, mais affligé d'un asthme entretenu par l'abus du cigare et par la température sénégalienne du bureau de la *commandature*. Bien qu'assez souffrant, son caractère était aimable et le fait suivant prouve les sentiments de générosité et de délicatesse qui existaient certainement chez lui à un plus haut degré que chez la plupart de ses compatriotes.

Chaque matin un officier par pension allait à la *commandature* chercher pour lui et ses camarades les lettres qu'y déposait le service de la poste.

Un jour, étant ainsi de semaine, je me rendis au bureau du commandant de place. Le major Flotow avait sur sa table les paquets de lettres destinées aux officiers français ; tout à coup, prenant le paquet destiné à mon groupe : « Le ministre de la guerre m'ordonne d'ouvrir toutes les lettres de messieurs les officiers français, me dit-il, et je veux le faire devant vous. » Saisissant alors un canif il coupa rapidement les enveloppes, et me tendant les lettres : « Tenez, Monsieur, vous pouvez les prendre, elles ont été toutes ouvertes. » Je le remerciai de sa délicatesse et je me retirai profondément touché par ce procédé d'un vrai gentleman. Ce fait s'est sans doute produit assez rarement, c'est pourquoi j'ai tenu à le noter.

Je crois avoir dit que le major était Hanovrien. J'ai eu occasion aussi, pendant mon séjour forcé dans la ville du *Prophète*, de connaître les sentiments qui animaient, je ne dirai pas tous, mais certainement beaucoup des compatriotes du major Flotow.

Dans les premiers jours de janvier 1871 un détachement de Hanovriens (infanterie) vint à passer à Münster. Il allait rejoindre l'armée allemande sous Paris.

Un volontaire d'un an de cette troupe (*ein Einjahrig-freiwilliger*) vint se rafraîchir à l'hôtel tenu par la veuve Schwartz, rue du Vieux-Chemin-de-Pierre (*alter stein weg*) où nous demeurions avec plusieurs officiers.

Je me trouvai par hasard à côté de ce volontaire, buvant comme lui un verre de bière dans la salle commune. Bien que je fusse en bourgeois, il m'eut bientôt reconnu pour un officier prisonnier. Après quelque hésitation il m'adressa la parole en excellent français. L'ayant mis en confiance il me dit au bout d'un moment et en baissant subitement la voix : « Ah! Monsieur, que faisaient donc vos généraux pour ne pas remporter une première victoire, nous n'attendions que cela pour nous mettre avec vous. — Ils faisaient, je pense, ce qu'ils pouvaient, lui répondis-je, mais vous savez que Napoléon Ier a dit que la victoire restera toujours aux gros bataillons et nos généraux étaient loin de les avoir. — Enfin, dit alors le volontaire en soupirant, il ne nous reste plus qu'à dire avec Alexandre Dumas dans *Monte-Cristo : Attendons et espérons!* »

Là-dessus, il se leva, et se penchant à mon oreille : « Surtout ne répétez à personne ce que je viens de vous dire, car on me fusillerait. » Je le lui promis; mais je pense qu'aujourd'hui il y a prescription.

Le volontaire ramassa son sac et son casque à pointe qu'il avait déposés à côté de lui, prit son fusil et sortit de la salle, non sans m'avoir adressé sur le pas de la porte un salut amical. Je ne sais si depuis cette époque l'unité de l'Allemagne s'est enfin faite, mais certainement ce jeune soldat n'en était pas alors un bien fervent adepte.

J'ajouterai, sans crainte de me tromper, qu'il ne devait pas être seul de son avis.

Je crois devoir dire aussi un mot de la manière dont nous fûmes traités pendant notre captivité en Allemagne.

En général les prisonniers internés dans les pays rhénans et dans ceux professant la religion catholique comme la Westphalie ne furent pas trop malheureux et devinrent même l'objet de certains égards de la part de l'autorité militaire et de la population. Par exemple, il n'en fut pas de même pour ceux que la mauvaise chance avait envoyés dans la Prusse proprement dite, et plusieurs de mes camarades y subirent, sinon de mauvais traitements, du moins des vexations et des humiliations presque journalières.

Qui saura jamais le nombre exact des malheureux soldats qui périrent de misère dans les baraquements du Brandebourg et du duché de Posen.

Au nombre d'une trentaine d'officiers, nous envoyâmes à l'Empereur, à l'occasion du 1er janvier 1871, une lettre sous forme d'adresse, dans laquelle nous lui exprimions, ainsi qu'à l'Impératrice et au Prince Impérial, nos vœux pour la nouvelle année en y joignant l'expression de notre inaltérable dévouement et de notre profond respect.

Le 5 janvier, le plus ancien d'entre nous recevait en réponse ces quelques mots de l'Empereur :

« Wilhelmshöhe, 4 janvier 1871.

« Je vous remercie, Messieurs, des félicitations que vous m'avez adressées pour le jour de l'an. L'Impératrice et le Prince Impérial seront bien touchés d'apprendre qu'il y a des officiers français en Allemagne qui ne les ont pas oubliés. Quant à moi, l'expression de votre dévouement me console de bien des ingratitudes, et je suis bien aise de trouver l'occasion de vous assurer de tous mes sentiments.

« NAPOLÉON. »

Au-dessous on avait mis les noms des signataires de l'adresse, mais je m'abstiendrai par discrétion de les reproduire ici.

J'ai omis de citer parmi les monuments de Münster la cathédrale. Cette église, commencée au XIIIe siècle et terminée au XVe, offre un mélange des styles roman et gothique. Elle est surmontée de deux clochers pyramidaux d'un bel effet. Münster soutint à plusieurs reprises des guerres contre ses évêques et fut prise d'assaut en 1660 par l'évêque Galen qui y construisit une citadelle.

Dans la guerre de Sept ans la ville fut tour à tour prise par les Français et les alliés. En 1806 elle échut à la France, fut incorporée en 1809 au grand-duché de Berg et en 1810 à l'Empire français, et devint alors le chef-lieu du département de la Lippe. En 1814 elle fut donnée à la Prusse qui en rasa les fortifications.

Ses remparts, plantés de très beaux arbres, servent aujourd'hui de promenades.

Que de fois j'en fis le tour avec mes deux amis Mégard de Bourgeolly et Danloux, causant tristement des événements qui s'accomplissaient en France, et tâchant de pressentir l'avenir de notre pauvre pays. Chaque jour nous apportait la nouvelle d'un échec de nos armées sur la Loire, et la joie des Allemands qui lisaient avidement ces dépêches était bien pénible pour nous.

Le jour où l'on apprit la capitulation de Paris ne sortira jamais de mon souvenir. Nous restâmes enfermés à l'hôtel toute la journée pour ne pas assister aux manifestations joyeuses de la population. Le soir, les illuminations éclairaient les rues et les longs drapeaux pendant jusqu'à terre se montraient à toutes les fenêtres.

Cette dernière résistance vaincue, c'était évidemment la paix; mais, hélas! combien nous sentions l'humiliation et la ruine de notre Patrie!

Le 2 mars les préliminaires de paix furent portés à l'Assemblée nationale réunie à Bordeaux et 546 voix contre 107 les ratifièrent.

C'est à ce moment qu'on put entendre un écrivain remarquable, un esprit distingué[1], qu'on chargea en novembre 1849, à l'Assemblée nationale, du rapport sur la fameuse *proposition des questeurs*, s'écrier *que ce n'était pas trop cher de payer de cinq milliards et de deux provinces la chute de l'Empire*.

« La tristesse de ceux qui subissent, disait M. Jules Simon dans une dépêche, est égale à la tristesse de ceux qui protestent! »

Il appartenait bien à M. Jules Simon de gémir et de pleurer sur les malheurs de la patrie, quand, comme lui, on avait en 1867, par une opposition passionnée et criminelle, fait repousser par la Chambre la loi militaire proposée par le maréchal Niel.

Les préliminaires de paix signés, on parla dans les premiers jours de mars de rendre la liberté aux officiers qui voudraient regagner la France à leurs frais. J'avais heureusement encore un peu d'argent et j'adressai immédiatement, ainsi que plusieurs autres officiers, une demande pour être rapatrié.

La demande, qui devait aller à Berlin, mit plus

---

1. M. Vitet.

de huit jours à revenir. L'Allemagne semblait hésiter à ouvrir les portes de la cage.

Enfin, le 14 mars, nous fut remis par la *commandature* le bienheureux *exact* ainsi conçu :

« Der französiche *sous-lieutenant de Baillehache* vom *lanciers de la Garde*, wird hiermit aus der Kriegsgefangenschaft enlassen.

« Munster den 14ten Maerz. 1871.

Auf BEFEHL

V. FLOTOW

Major und ABTHEILUNGS
Commandeur[1]. »

Les communications étant rétablies avec Paris, j'avais pu échanger depuis huit jours des lettres avec mes parents et je n'oublierai jamais la joie que j'éprouvai en recevant les premières lignes que m'adressait ma chère mère. Mes mains tremblaient bien fort en ouvrant l'enveloppe. Grâce à Dieu, ils étaient tous en bonne santé et avaient traversé sans trop souffrir le siège de Paris.

---

1. Ce qui signifie :
« Le sous-lieutenant français *de Baillehache, des lanciers de la Garde*, est, par ces présentes, affranchi de l'état de prisonnier de guerre.

Münster, le 14 mars 1871.

Par ordre de FLOTOW
Major et Commandant de région. »

Le 15 mars dans l'après-midi je quittais Münster avec mes amis Mégard de Bourgeolly et Danloux. Arrivés à Düsseldorf nous eûmes un moment de crainte et nous nous rencognâmes dans notre wagon en nous faisant le plus petits possible. Voici ce qui causait notre émoi. Il paraît qu'une dépêche, venue de Berlin, suspendait jusqu'à nouvel ordre le départ des officiers prisonniers à cause de l'attitude prise par les Parisiens et surtout leur garde nationale qui s'organisait depuis quelques jours en comités de toutes sortes; dont le but, bien que mal défini encore, inspirait aux Allemands une certaine appréhension touchant l'exécution des préliminaires de paix.

Nous vîmes donc à Düsseldorf un assez grand nombre de nos compagnons d'infortune qui parlementaient avec les autorités allemandes pour obtenir l'autorisation de prendre le train. Mais ils durent rester dans les salles d'attente et voir, à leur grand désespoir, le chemin de fer partir sans eux. Combien nous nous applaudissions d'avoir demandé à rentrer dès les premiers jours!

A 11 heures du soir nous arrivions à Aix-la-Chapelle (*Aachen*, comme l'appellent les Allemands). Il était bien tard pour aller chercher un gîte en ville; nous devions prendre le lendemain le premier train pour Bruxelles, et de plus il nous semblait qu'en restant près de la gare nous risquions moins d'être inquiétés qu'en allant loger dans un hôtel. Nous entrâmes dans un café-buvette à deux pas du chemin de fer, et, après avoir modestement soupé, nous passâmes le reste de la nuit sur les banquettes qui entouraient la salle de billard. Avant le jour nous étions sur pied, attendant impatiemment l'ouverture des guichets. Enfin nous montâmes dans le train qui s'ébranla peu après. Avec quel soupir de soulagement nous franchîmes à Verviers la frontière de Belgique !

A Bruxelles, après un souper nécessaire, où nous portâmes, les larmes aux yeux, la santé de notre pauvre France et de tous les êtres chers que nous allions y retrouver, nous gagnâmes avec plaisir des lits qui heureusement ne présentaient aucune différence avec ceux de notre pays.

Bruxelles me parut une belle ville, très intéressante et méritant bien sa dénomination de second Paris. Je n'eus malheureusement pas le temps de la visiter en détail, car nous repartions le lendemain. Notre camarade Mégard de Bourgeolly nous quitta alors pour se rendre à Strasbourg, où demeurait sa famille. Danloux et moi nous prîmes le chemin de Paris.

A Saint-Quentin, je me souviens avoir été

désagréablement impressionné en apercevant un peleton de uhlans longeant la voie ferrée. Je n'avais pas revu depuis Gravelotte la flamme noire et blanche de leurs longues lances.

Les ruines de l'invasion se présentaient à chaque pas et nous attristaient profondément. C'était tantôt un pont rompu qu'il fallait passer lentement sur des poutres jetées à la hâte ; tantôt les arbres qui bordent les routes coupés à 50 centimètres du sol ; enfin des chaumières et des maisons dont les toits effondrés ou brûlés rappelaient le sinistre passage des obus allemands, et des murs de clôture percés de meurtrières, attestant la défense désespérée de la Patrie.

Nous entrâmes dans Paris vers 11 heures du soir. A cette heure, si pleine de lumière et d'animation en temps ordinaire, l'aspect de la grande ville me parut sinistre. L'absence de gaz et de voitures, car les chevaux avaient été mangés pendant le siège, les rares piétons circulant dans les rues, un profond silence régnant partout, faisaient ressembler la capitale à une immense nécropole. Je me séparai à ce moment de mon ami Danloux, dont la famille habitait Saint-Germain-en-Laye.

A la gare j'avais trouvé une voiture à bras traînée par un vieux bonhomme, qui, moyennant

40 sols, consentit à transporter mes deux valises de la gare du Nord à la rue de Grenelle où m'attendaient mes parents, sans connaître cependant l'heure exacte de mon arrivée.

Nous suivions tristement la longue rue Lafayette et de temps en temps je poussais la petite voiture pour soulager le pauvre vieux attelé aux brancards. Je remarquai alors avec étonnement, de distance en distance, des groupes assez nombreux et de mauvaise mine qui causaient à voix basse en jetant autour d'eux des regards de défiance. Mon vieux bonhomme les regardait aussi et me disait, en branlant la tête : « Ah! je ne sais pas ce qui va se passer, mais je crois bien que ce n'est pas encore fini! » On était au 17 mars au soir et en effet tout n'était pas fini, puisque nous allions voir des scènes dignes des *Peaux-Rouges* et assister deux mois plus tard à un incendie de la capitale qu'Érostrate n'aurait pas désavoué.

Au moment où j'arrivais, le général Vinoy réunissait au Louvre, dans un conseil de guerre, les chefs de corps de l'armée de Paris et leur donnait communication des opérations militaires qu'ils devaient diriger dans la matinée du lendemain.

Avec quelle émotion je sonnai à la porte de la maison paternelle! Le temps que le concierge mit à l'ouvrir me parut un siècle. Enfin, je me trouvai dans les bras de mon père, de ma mère et de mon frère, et ce bienheureux moment est impossible à décrire. Une petite chienne, née le 2 août, jour de mon départ pour la guerre, et que ma bonne mère avait élevée pour moi, vint se glisser dans mes jambes, m'exprimant par ses caresses qu'elle était heureuse de connaître le maître qu'on lui destinait et dont on avait dû l'entretenir souvent. Elle s'appelait *Furette*. La mort de cette charmante petite bête nous a causé quinze ans plus tard un véritable chagrin.

Une partie de la nuit se passa en doux épanchements bien naturels après une si longue et si cruelle séparation. Enfin nous nous couchâmes pour goûter un repos bien nécessaire, mais dès la première heure le canon d'alarme tiré des hauteurs de Montmartre et la *générale* battue dans les rues annoncèrent les terribles événements qui allaient se passer.

C'est une des plus sanglantes pages de nos discordes civiles que cette journée du 18 mars 1871, et cependant, le peuple français, avec sa légèreté habituelle, semble déjà l'avoir oubliée.

« La paix était signée, dit M. J. Claretie dans son *Histoire de la Révolution* de 1870-71, la Patrie effarée, accablée, mettait la main sur ses blessures saignantes encore et semblait s'efforcer de retenir le peu de vie qui restait dans son sein... » Nous ajouterons : Ce fut ce moment que choisirent ceux qu'on a appelés *les fédérés* pour achever d'assassiner leur mère expirante. Ces hommes furent des parricides et c'est ainsi que l'histoire les jugera.

Il est nécessaire de rappeler aussi brièvement que possible les causes ou plutôt les prétextes qui amenèrent cette honteuse insurrection.

Paris était plein de défiance pour l'Assemblée qui venait de signer la paix à Bordeaux. Gaston Crémieux l'appelait une assemblée de *ruraux;* et lorsque, dans les premiers jours de mars, on sut qu'elle devait siéger à Versailles, on lui reprocha de vouloir décapitaliser Paris, et Paris résolut de répondre en s'affranchissant. Sous prétexte de s'affranchir, il faillit périr, mais on ne peut nier que du jour où l'Assemblée décida d'aller à Versailles le conflit éclata.

Il était du reste souhaité par les chefs d'insurrection restés dans la capitale ou accourus de province dès l'armistice. Sous l'influence de ces chefs, le comité central de la garde nationale avait été reconstitué dès le 4 mars. Ce comité, auquel devait succéder la Commune, faisait dès cette époque acte de gouvernement et adressait à la population des proclamations où il disait entre autres choses qu'il voulait que le pouvoir militaire fût subordonné au pouvoir civil.

Devant la commission d'enquête sur les événements du 18 mars, le général Le Flô, ministre de la guerre à cette époque, a dit : « Si nous avions voulu désarmer la garde nationale au moment de la capitulation, comme le proposait M. de Bismarck à Jules Favre, nous n'y serions certainement pas parvenus. La garde nationale était parfaitement résolue à ne pas se laisser désarmer. » C'est possible, mais nous pensons qu'on pouvait tout au moins le tenter et en tout cas user de stratagème comme de promettre une certaine somme à chaque garde national qui aurait apporté son fusil. Cela aurait pu coûter cher, mais moins encore que l'incendie de nos monuments.

L'occasion était inespérée pour les socialistes, car jamais minorité de factieux n'eut en main une plus grande quantité de fusils. Et la nombreuse armée dont la révolution disposait se trouvait doublée par des pièces de canon et des mitrailleuses dont le total général était de 417.

Des comités de la garde nationale qui siégeaient dans la salle de la *Marseillaise*, rue de Flandre, dans laquelle Rochefort avait été arrêté le 7 février 1870, et rue Basfroi, s'étaient mis en rapport avec les représentants des fédérations ouvrières siégeant place de la Corderie-du-Temple. En dehors de cela, et partageant avec ces différentes fédérations une haine implacable contre le gouvernement et l'Assemblée, s'était formé un comité spécial à Montmartre, 6, rue des Rosiers, chargé plus particulièrement de la défense de l'arrondissement sur les hauteurs duquel étaient les fameux canons au nombre de 171.

Cependant le gouvernement sentait qu'il ne pouvait tolérer plus longtemps sans danger l'attitude et les agissements révolutionnaires de tous ces clubs, comités, fédérations et sociétés de revendications socialistes de toutes sortes. Le 12 mars, six journaux insurrectionnels étaient supprimés. On cria à la trahison à Montmartre et à Belleville et on accusa le gouvernement de préparer un coup d'État. M. Thiers, nommé par l'Assemblée chef du pouvoir exécutif, voyait aussi approcher le jour où il faudrait accorder aux députés, lorsqu'ils se réuniraient le 20 mars à Versailles, la sécurité à laquelle, non seulement ils avaient droit, mais qui leur était nécessaire pour délibérer en paix.

Comme je l'ai dit plus haut, un plan fut combiné le 17 mars, à 1 heure du matin, dans un conseil de guerre tenu au Louvre. Les 40 000 hommes que l'armistice avait laissés pour composer l'armée de Paris étaient répartis en quatre divisions sous les ordres des généraux Susbielle, Faron, Barry et de Maud'huy. Ces divisions devaient agir simultanément et, tandis qu'on occuperait les boulevards et les lignes stratégiques, enlever les parcs et les arsenaux établis dans Paris sur dix-sept points différents.

Le général Susbielle, ayant sous ses ordres les brigades Lecomte et Paturel, devait enlever Montmartre, le *mont Aventin de la Révolution*, comme l'appelaient pompeusement les orateurs de clubs, et le général Faron s'emparer de Belleville avec le général de La Mariouse.

Le matin du 18 mars, à la pointe du jour, les troupes commençaient leurs opérations. Tout alla bien d'abord, les gardes nationaux s'étant dispersés aux premiers coups de fusil ; mais on sait aussi comment, faute d'attelages en quantité suffisante, la troupe du général Lecomte, qui s'était emparée des canons sans coup férir, demeura sans les emmener quatre heures l'arme au pied. Pendant ce temps, Montmartre s'éveillait, prenait les armes, faisait tirer le canon d'alarme et battre la *générale*. Les gardes nationaux ainsi que leurs femmes et leurs enfants entouraient alors les soldats de Lecomte, qui, jeunes, peu solides et travaillés depuis longtemps, finissaient par mettre la crosse en l'air et laissaient entraîner au Château Rouge leur général que la foule prenait d'abord pour le général Vinoy.

Du côté de Belleville le général Faron avait enlevé les positions et les canons; mais, par suite de l'insuccès de Montmartre, il dut se replier sur le centre de Paris, mais en faisant bonne contenance. Pendant ce temps une partie des troupes de Lecomte (le 88°) fraternisait avec le peuple, et le général, toujours prisonnier au Château Rouge, était sommé de signer un ordre prescrivant aux troupes de se retirer.

Le 25 juin 1848, la même proposition était faite dans une circonstance semblable à l'infortuné général Bréa. Esclave de son devoir, il précéda Lecomte dans le martyre.

A ce moment on transférait à la mairie du XVIII° arrondissement une soixantaine de gendarmes faits prisonniers. Ils devaient être fusillés plus tard comme otages avec l'archevêque, le président Bonjean et les autres victimes des *communards*.

Le général Lecomte, refusant toujours de signer le retrait des troupes, fut conduit alors, au milieu d'outrages de toutes sortes, au n° 6 de la rue des Rosiers où siégeait, comme on sait, depuis quelque temps, le comité de la garde nationale. Dans un des modestes logements de cette petite maison paisible, habitait un vieux peintre que j'ai connu, on l'appelait le *père* Taupin. Il ne manquait pas d'un certain talent comme restaurateur de vieilles peintures. Lors de l'arrivée de mes parents à Paris en 1865, il avait retouché et restauré plusieurs des tableaux anciens qui décoraient notre salon. Il a dû mourir pendant la Commune, car nous ne l'avons jamais revu après le cruel drame dont il a été probablement le témoin.

Lorsque le général Lecomte fut arrivé à la maison de la rue des Rosiers, un officier garibaldien, Herpin-Lacroix[1], proposa à la foule qui encombrait la rue et le petit jardin du n° 6 de former une cour martiale pour juger le prisonnier. Mais, dit M. J. Claretie dans l'ouvrage cité plus haut : « La foule voulait la mort sans délai, c'était comme une fièvre de massacre. »

Vers 3 heures on amena l'ex-commandant de la garde nationale, le général Clément Thomas. Il venait d'être arrêté, en bourgeois, occupé, prétendait la foule imbécile, à lever le plan des bar-

---

[1]. Condamné à mort plus tard par le conseil de guerre et fusillé avec le sergent Verdaguer et le lieutenant Lagrange, comme complices du meurtre des deux généraux.

ricades et des défenses de Montmartre. Il n'en fallait pas davantage pour que sa mort fût décidée. De plus, on ne lui pardonnait pas ses ordres du jour adressés pendant le siège aux gardes nationaux, dans lesquels il leur reprochait de préférer le jeu du bouchon et le cabaret aux grand'-gardes en face des Prussiens.

La foule pousse à coups de pied et à coups de poing le malheureux général dans le jardin de la maison n° 6. Il reçoit, en se dirigeant vers la muraille, des coups de feu qui, s'ils l'atteignent, ne ralentissent pas sa marche. Enfin Clément Thomas se retourne, se place son chapeau à la main contre le mur, crie : « Vive la République! » et tombe sous les coups de feu des forcenés qui l'entourent.

Pendant ce temps Lecomte, entendant la fusillade, et sentant que sa dernière heure était venue, remettait au commandant Poussargues, prisonnier avec lui, son argent et lui parlait de ses cinq enfants qui allaient rester orphelins. Comme il sortait dans le jardin, un coup de feu tiré par derrière le fit tomber sur un genou, ce qui a fait supposer qu'il avait faibli au moment suprême. Les gardes nationaux le saisirent alors; on le poussa sur le cadavre de Clément Thomas où dix coups de feu l'achevèrent. Quant à l'infortuné général de la garde nationale, on retrouva le soir soixante-dix balles dans son corps. C'était cependant un républicain *de la veille* que Clément Thomas! Combien il dut souffrir de périr des mains de ces hommes qui en l'assassinant prétendaient défendre cette République pour laquelle il avait combattu, avait été exilé et qu'il avait certainement entrevu, dans ses rêves, comme l'idéal des gouvernements.

Cette horrible exécution de la rue des Rosiers jeta la stupeur dans Paris et l'on commença à comprendre de quoi étaient capables des gens, qui, sous prétexte de conquérir les franchises municipales, accomplissaient de pareils crimes.

Ce qui restait de troupes fidèles, s'élevant à peu près à 20 000 hommes, avait été réuni au Champ-de-Mars et à l'École-Militaire par le général Vinoy. M. Thiers était parti pour Versailles dans la journée, et en apprenant les événements de Montmartre il donna l'ordre aux différents membres du gouvernement de venir le rejoindre. A 1 heure du matin le général Vinoy déclara qu'il se retirait à Versailles avec son dernier soldat.

A 1 heure et demie, toutes les rues débouchant sur les quais et sur la route de Versailles étaient gardées par la gendarmerie à cheval. Le général

Le Flô partit le premier en voiture et vers 3 heures du matin, par une nuit sombre, MM. Dufaure, Jules Simon, Ernest Picard, Jules Favre et le général d'Aurelle de Paladines le suivirent également en voiture et escortés par la troupe. La gendarmerie à pied fermait la marche et le général Vinoy, à cheval, dirigeait la retraite de ces 20 000 hommes qui sortirent ainsi de Paris sans que Paris s'en doutât.

L'insurrection était maîtresse de la capitale. Le comité organisait ses forces et ordonnait aux gardes nationaux de s'emparer des mairies. A 11 heures les fédérés, guidés par Lullier, commandant en chef de la garde nationale, envahissaient l'Hôtel de Ville, les casernes, la Préfecture de police, les Tuileries et tous les ministères.

Voici comment M. E. Vacherot, dans un article paru dans le *Figaro* du 15 mai 1889 et intitulé : « La statue de Thiers à Paris », juge l'abandon de la capitale par le chef du pouvoir exécutif, au 18 mars 1871 :

« On a dit qu'il (M. Thiers) avait eu tort de désespérer de Paris, qu'en y tenant tête à la Commune il eût pu en finir en moins de temps et avec moins de sang. C'est facile à dire après l'événement. Pour ceux qui, amis ou adversaires, ont vu les choses de près, jouer ainsi la fortune de la France, avec quelques soldats dont la fidélité n'était pas sûre, au milieu d'un peuple affolé dont les femmes et les enfants avaient suffi pour désarmer la troupe, n'était-ce pas plus qu'une imprudence ? Une bataille perdue dans Paris, c'était le gouvernement tout entier prisonnier de la Commune, devenue alors maîtresse de la France. Tout cela devant l'étranger attendant le moment de l'heure du coup de grâce. L'événement donna raison à la sagesse de M. Thiers qui, par son incomparable activité, refit l'armée qui devait triompher de toute résistance. Ce jour-là il fut le bon génie de la France et mérita d'en être appelé le sauveur. »

Revenu depuis la veille de captivité pour être témoin indigné de la révolution du 18 mars, nous sommes complètement de l'avis de M. Vacherot. Du reste, presque tous ceux qui ont écrit sur cette triste époque, se sont rangés à cette opinion. Une seule chose doit être sérieusement reprochée à M. Thiers : c'est l'abandon du Mont-Valérien qu'il ne fit réoccuper que sur les instances du général Vinoy.

Le 19 mars au soir, nous étions tristement réunis en famille, discutant la situation qui se présentait sous un jour bien sombre, lorsque le domestique annonça M. Routier, le greffier d'instruction de mon père.

« Monsieur le juge, lui dit aussitôt le greffier, vous ne pouvez pas aller au Palais demain matin ; indépendamment de ce que le service est devenu impossible par suite du départ de la gendarmerie pour Versailles, il y aurait de plus danger pour vous à y retourner, car un bataillon de fédérés l'occupe depuis ce matin et vous seriez certainement arrêté. Je me permets même de vous donner le conseil de ne pas coucher chez vous cette nuit, car les insurgés, qui connaissent maintenant toutes les adresses des juges d'instruction, pourraient bien se livrer, sans plus tarder, à des visites domiciliaires. »

M. Odent, l'ancien préfet de Metz, se trouvait en ce moment chez nous et il joignit ses instances aux nôtres pour décider mon père à aller coucher dans un hôtel et à sortir le lendemain de Paris.

Mon père, esclave de son devoir, objectait que n'ayant pas été relevé de ses fonctions par un ordre du garde des sceaux l'appelant à Versailles, il ne devait pas quitter son poste. Je sais bien que les sénateurs romains avaient attendu les Gaulois sur leurs chaises curules, mais les temps et les circonstances n'étaient pas complètement identiques; et en tous les cas, on peut penser, en voyant la manière dont les communards ont traité le président Bonjean, qu'ils ne se seraient pas contentés, comme nos ancêtres, de tirer la barbe aux magistrats restés sur leurs sièges.

Mon père prit enfin le parti d'aller coucher dans un hôtel de la rue de Bourgogne.

Quant à moi, malgré les supplications de ma mère, je plaçai, en me mettant au lit, mon revolver chargé à la portée de ma main, bien décidé à casser la tête au premier garde national qui mettrait le pied dans la maison.

Mon père nous avait donné rendez-vous pour le lendemain à midi à la gare Montparnasse, pour nous rendre à Chartres. A 11 heures je me mis en quête d'une voiture pour ma mère, ma tante, mon frère et moi. La difficulté d'en trouver une pour nous transporter tous quatre avec notre petit bagage, nous fit manquer le train. En fait de colis nous avions chacun une valise à la main. Ces dames avaient, de plus, cousu sous leurs robes de longues poches en toile contenant leurs valeurs, papiers et bijoux. Nous ne trouvâmes pas mon père à la gare, et il fallut attendre jusqu'à 4 heures le train suivant. Pendant cette longue station dans la salle des pas-perdus, nous eûmes tout le loisir d'examiner les *fédérés*. Au nombre d'un bataillon, ils avaient formé les faisceaux dans les cours de la gare dont ils occupaient les abords et les quais militairement.

Quelles figures! et quelles tenues! Une partie de ces hommes, ivres, on peut le dire, depuis six mois, c'est-à-dire depuis le 4 septembre, dormaient sur les banquettes des salles d'attente ou sur la paille étendue un peu partout. Ils ne sortaient de leur torpeur que pour étancher leur soif, qui paraissait inextinguible, en se pendant aux bidons de vin que de nombreuses et provocantes cantinières, la ceinture rouge serrant la taille et le képi sur l'oreille, leur offraient à tout moment. Ceux qui ne dormaient pas discutaient, commentaient entre eux les journaux du matin et semblaient toujours prêts à en venir aux mains. Je vois encore l'immense tambour-major de ce bataillon de fédérés, décoré de la médaille militaire et des médailles de Crimée et d'Italie.

Les gardes nationaux faisaient cercle autour de cet ancien soldat qu'on rougissait de trouver au milieu de cette *cour des miracles*. Il tenait son auditoire sous le charme du récit de ses anciennes campagnes. Espérons, pour l'honneur de l'armée, qu'il se sera aperçu à temps du milieu dans lequel il s'était fourvoyé et qu'il n'aura pas tardé à déserter la cause de la Commune.

Vers 3 heures, un mouvement se produisit dans ce bivouac improvisé. Les chefs s'empressaient autour d'un petit jeune homme aux cheveux bouclés et à la figure de fille. Il portait la vareuse de la garde nationale et le képi très galonné. Une ceinture rouge frangée d'or ceignait ses reins et il tenait à la main un petit jonc à pomme d'or avec lequel il jouait négligemment.

Ce monsieur, dont la figure faisait penser à Saint-Just, le sinistre ancêtre, et que les gardes nationaux saluaient jusqu'à terre en l'appelant *citoyen délégué*, se dirigea vers le bureau du chef de gare, conduit avec beaucoup de déférence par le commandant du bataillon, vieille barbiche blanche taillée militairement, décoré de la Légion d'honneur et qu'on était assez étonné de voir à la tête de ces *truands*.

Nous nous assîmes dans la salle d'attente, nous faisant le plus petits possible. Non loin de nous se trouvaient plusieurs soldats blessés pendant le siège et qui rentraient dans leurs foyers. Ces pauvres diables, dont la plupart se traînaient sur des béquilles ou s'appuyaient sur des cannes, étaient en butte aux railleries et même aux poussées des fédérés qui ne se gênaient pas, lorsque par hasard ces pauvres blessés se trouvaient sur leur passage, de les bousculer rudement en leur disant avec l'accent des faubourgs : *Eh! va donc, capitulàrd!*

Il me fallut prendre sur moi à plusieurs reprises pour ne pas m'interposer entre ces misérables et les débris des soldats de la France. Si je n'avais eu en ce moment charge d'âmes, il est certain que, au risque de me faire arrêter, je serais intervenu.

Que ces quatre heures nous parurent longues et combien nous étions dévorés d'inquiétude touchant mon père. Était-il parti par le train de midi, ou bien était-il retourné au Palais malgré nos conseils? S'était-il fait arrêter?

Enfin nous montâmes dans le bienheureux train! Ma mère, malgré la chaleur, qui cette année-là était accablante au 20 mars, portait un manteau de fourrure qu'elle voulait ainsi sauver du naufrage; ma tante était vêtue aussi avec une certaine élégance, et les places de premières que nous prîmes, plus la petite chienne *Furette* tenue en laisse, tout cela constituait un ensemble qui pouvait nous faire remarquer.

On n'est jamais prudent, et, toute proportion gardée bien entendu, nous renouvelions l'histoire de l'infortuné Louis XVI quittant Paris le 20 juin 1791 dans un carrosse à quatre chevaux, avec une suite trop nombreuse et des courriers allant préparer les relais, au lieu de se sauver dans un modeste cabriolet avec la Reine et le Dauphin.

Avant de sortir des fortifications, le train s'arrêta à la station du chemin de fer de ceinture. Nous cûmes encore un moment d'angoisse. Un immense drapeau rouge flottait sur la gare. Comme celle de Paris, elle était occupée par des fédérés de tout âge et de toute provenance, c'est-à-dire qu'il y avait encore un peu plus de désordre qu'à la gare Montparnasse. Par contre, les cantinières étaient en plus grand nombre. Saura-t-on jamais ce que la Commune a compté de cantinières? Deux gardes nationaux montèrent dans notre compartiment pour procéder à je ne sais quelle visite. « Tiens, dit l'un d'eux en entrant dans le compartiment de premières, on doit être bien dans ces petits salons-là. » Puis : « Pas d'armes, citoyens, par d'*amonitions* (pas de munitions)? »

Sur notre déclaration négative ils descendirent. Peu après le train s'ébranla. Nous passâmes près des forts de Vanves et de Montrouge. Ils étaient complètement ruinés par le bombardement; et ma mère put constater les relations mensongères des journaux qui racontaient qu'on relevait rapidement chaque jour les dégâts causés par le feu de l'ennemi.

A Meudon, le quai de la gare était occupé par un détachement de gendarmes commandé par un officier. Ces braves représentants de la force publique, appuyés sur leurs carabines, faisaient un singulier contraste avec l'armée de l'émeute, débraillée et puant le vin, que nous venions de quitter, et je remerciais Dieu intérieurement d'avoir permis que les miens fussent, pour le moment, à l'abri de tout danger. Nos regards ne pouvaient se détacher, pendant le temps que nous restâmes en gare, des honnêtes figures des bons gendarmes dont nous n'avions jamais aussi bien compris et apprécié le dévouement et le rôle protecteur.

En passant à Versailles, nous vîmes deux pièces de quatre placées à la grille de l'avenue de Paris. Cette modeste artillerie et quelques petits postes d'infanterie de ligne, qui faisaient leur soupe au bord de la route ou dans les champs, paraissaient être, pour le moment, les seules forces destinées à protéger l'Assemblée contre une incursion des communards. Comment ces derniers n'ont-ils pas, à ce moment, pensé à marcher sur Versailles?

En arrivant à Chartres vers 6 heures du soir,

nous retrouvâmes mon père qui était parti par le train que nous avions manqué.

Le frère du général de Prémonville, ami de ma tante, et qui occupait à Chartres un emploi dans les contributions indirectes, avait bien voulu nous donner l'hospitalité pour quelques jours. C'était un homme fort aimable, gai comme son frère le général, et qui avait d'autant plus de mérite à nous recevoir en aussi grand nombre, que sa maison n'avait pas désempli d'officiers prussiens depuis six mois. Nous n'étions pas des Allemands, c'est vrai, mais enfin nous étions un embarras. A propos de ses hôtes d'outre-Rhin, il nous racontait que ces messieurs, lorsqu'ils faisaient du feu dans les cheminées, ne voulaient jamais, malgré ses observations pressantes, relever la trappe, et pour se chauffer ils appliquaient leurs larges pieds sur ladite trappe. « C'est un miracle, ajoutait M. de Prémonville, qu'ils n'aient pas incendié mon pauvre immeuble. »

Nous avions quitté Paris le 20 mars, et il était temps, car je crois que dès le lendemain on ne put s'éloigner sans un passeport délivré par le gouvernement insurrectionnel.

Ce jour-là (le 20 mars) l'amiral Saisset fut nommé par M. Thiers commandant supérieur des gardes nationales avec mission de réunir à la Bourse, au Grand-Hôtel, où était le quartier général de l'amiral, et à la gare Saint-Lazare, les bataillons qu'on appelait encore les *bataillons de l'ordre*. Mais la mesure était tardive, beaucoup de gardes nationaux bien pensants avaient quitté Paris dès l'armistice ou depuis le 18 mars; bref, la mission de l'amiral échoua et il dut regagner promptement Versailles par le chemin de fer de la rive droite dont la gare était encore occupée par un *bon bataillon*.

Avant d'aller à Évreux où mes parents avaient décidé qu'ils attendraient les événements, mon père crut devoir se rendre à Versailles pour se mettre à la disposition du garde des sceaux. Il fut promptement introduit auprès de M. Dufaure.

— Allez à Évreux, lui dit le ministre, mais ne vous éloignez pas davantage, car *sous peu* nous serons rentrés dans Paris, les juges d'instruction auront fort à faire et nous avons besoin de les avoir sous la main.

— Vous pensez être dans Paris sous peu, monsieur le garde des sceaux, répondit mon père; me serait-il permis de vous demander de préciser davantage le moment, selon vous, de cette reprise de possession?

— Mon Dieu, dit M. Dufaure, huit jours, dix jours, peut-être quinze, mais pas plus.

— Je crois connaître malheureusement les révolutionnaires, lui répondit mon père, car je les ai combattus dans les émeutes, lorsque, dans les premières années du règne de Louis-Philippe, je faisais partie de la garde nationale. Je les ai combattus de nouveau dans les rangs de cette même garde aux journées de juin 1848, enfin je viens de traverser leurs nombreux bataillons; eh bien, croyez-moi, monsieur le garde des sceaux, vous ne rentrerez pas aussi vite dans Paris. En tous les cas, ajouta mon père en prenant congé, je souhaite m'être trompé.

La suite des événements devait encore lui donner raison. J'ai souvent constaté qu'en bien des circonstances, et surtout en politique, mon père a été bon prophète.

VIII

Maintenon. — Un souvenir de 1830. — Henri de Pêne et la manifestation de la place Vendôme. — Évreux. — Je quitte cette ville pour rejoindre à Lyon le dépôt de mon régiment. — Le général Crouzat. — L'émeute du 30 avril à la Guillotière. — Je suis envoyé à Tours et de là à l'armée de Versailles. — Le 3e conseil de guerre à Versailles. — Les pétroleuses à la prison des Chantiers. — Suppression des lanciers. — Quelques mots sur le rôle de cette arme de 1814 à 1871. — Mon régiment devenu 20e dragons va tenir garnison à Provins. — Les corps d'officiers à cette époque. — Les officiers attaqués en sortant de la pension par les communards. — Les Prussiens à Sézanne. — Manifestation bonapartiste au 15 août. — Conclusion.

Le 22 mars nous quittions Chartres dans l'après-midi pour aller à Maintenon. Nous étions descendus dans une auberge de très modeste apparence, située sur la place principale du bourg, en face du superbe château qui appartient au duc de Noailles. Avant dîner, nous allâmes nous promener sur une jolie route menant aux magnifiques ruines que présentent les quarante-huit arches restes de l'immense aqueduc qui fut commencé en 1684 pour amener les eaux de l'Eure à Versailles.

Il ne fut du reste pas achevé, par suite de la mort d'un grand nombre de soldats qui contractèrent, en remuant les terres, des fièvres pernicieuses. Cette route longeait le parc que nous aperçûmes très bien, ainsi que le château, par-dessus les haies basses qui l'entourent.

Que de souvenirs historiques s'attachent à Maintenon !

Le château, qui remonte à Philippe-Auguste, fut reconstruit par J. Cottereau, trésorier des finances sous Charles VII et Louis XI.

Acheté en 1674 par Louis XIV, il fut alors érigé en marquisat pour la veuve de Scarron, Françoise d'Aubigné, qui prit le nom de marquise de Maintenon et à laquelle le roi confia l'éducation des enfants qu'il avait eus de madame de Montespan. Après la mort de la reine en 1683, Louis XIV s'unit à madame de Maintenon par un mariage secret. On vous montre au château l'appartement de la marquise et son portrait peint par Mignard.

Le 4 août 1830, Charles X venant de Rambouillet, accompagné des Cent-Suisses, des quatre compagnies des gardes du corps et des régiments de la Garde restés fidèles, arrivait à Maintenon.

Étrange destinée, le dernier des Bourbons ayant régné, passait, pour ainsi dire, sa dernière nuit en France dans la chambre de l'épouse du plus grand roi de sa race.

Le lendemain matin, le roi fit appeler le maréchal Marmont et lui dit que son parti était arrêté, qu'il renonçait à se rendre sur la Loire, que son intention était de gagner Cherbourg pour s'y embarquer pour l'Angleterre et que le soir même il coucherait à Dreux.

« Le duc de Raguse, dit M. de Vaulabelle dans son *Histoire des deux restaurations*, forma immédiatement l'escorte. Les gardes du corps et les gendarmes d'élite furent désignés pour composer le cortège que complétèrent deux pièces d'artillerie avec leurs caissons. Le reste des troupes devait se diriger sur Chartres. La compagnie des gardes du corps à pied, dite des Cent-Suisses, appartenant à la maison militaire du roi et non à l'armée, remit son étendard à Charles X. Les officiers de tous les autres corps furent admis à prendre congé du monarque ainsi que du Dauphin et des deux princesses. Le roi les remercia de leur fidélité et leur donna sa main à baiser; sa douleur était profonde; il parvint cependant à la dominer; son attitude demeura grave et digne. La duchesse de Berry se montrait profondément émue; elle embrassa plusieurs officiers en les serrant convulsivement dans ses bras, et ses pleurs ne cessaient de mouiller la main qu'elle tendait à ceux qui venaient y poser leurs lèvres. « Adieu, « mes amis, soyez heureux, » leur disait-elle. Charles X quitta Maintenon vers 10 heures du matin. »

En nous promenant sur la route bordant le parc, tous ces événements se présentaient forcément à notre esprit. A la nuit tombante il me semblait voir les feux de bivouac de la maison du roi campée sur les pelouses et plus loin ses vedettes entourant et gardant ce château qui abritait pour quelques heures encore les augustes débris de la vieille monarchie.

Rambouillet! Maintenon! Dreux! c'est toujours pour les rois la route de l'exil.

Dix-huit ans plus tard, le prince à qui la révolution de Juillet avait donné la couronne, était forcé à son tour de quitter la France, et Dreux fut une de ses dernières étapes.

Mais quelle différence avec le départ de Charles X. Obligé de recourir aux déguisements, de prendre un nom d'emprunt (M. Lebrun), errant sur la côte normande sous la protection d'une nuit profonde et réellement délaissé de tous, Louis-Philippe s'enfuit d'une façon presque misérable. Charles X marchant à petites journées, faisant une partie de la route à cheval entouré de ses quatre compagnies de gardes du corps et de sa gendarmerie d'élite, se retira royalement.

Le 23 mars au matin nous apprîmes par les journaux la façon dont les communards avaient accueilli la manifestation de la rue de la Paix. Plusieurs manifestants avaient été tués ou grièvement blessés.

Parmi ces derniers se trouvait Henri de Pène, qui dirigeait, je crois, à cette époque le *Paris-Journal*. Il fut atteint d'une balle dans l'aine, dont il guérit miraculeusement. On se souvient que plusieurs années auparavant il avait reçu au bas-ventre un terrible coup d'épée dans un duel qui est resté célèbre.

J'avais été quelquefois, à la fin de l'Empire, dîner chez Henri de Pène, dont le beau-fils était avec moi aux lanciers de la Garde. Puisque le nom de l'ancien rédacteur du *Gaulois*, mort en 1888, vient sous ma plume, je suis heureux de rendre hommage à son talent d'écrivain, à la droiture de son cœur et au courage dont il fit preuve dans cette journée du 22 mars 1871.

Le 24 mars nous arrivions le soir en voiture à Évreux après avoir déjeuné à Dreux. La ville d'Évreux était remplie de soldats de toutes armes licenciés après la capitulation de Paris.

Ils erraient par bandes dans les rues, attendant le moment d'être renvoyés chez eux.

Nous avions arrêté un logement garni et nous prenions nos repas dans un petit restaurant dont les prix modérés étaient en rapport avec nos finances qu'il était important de ménager.

Le 3 avril, les dépêches affichées à la préfecture nous apprirent le premier engagement des fédérés au pont de Neuilly avec l'armée de Versailles. Le Mont-Valérien avait envoyé des obus au milieu des soldats de l'émeute marchant sur l'Assemblée.

Bergeret lui-même, qui dirigeait en voiture les gardes nationaux, assista à la déroute de ses troupes qui rentrèrent en désordre dans Paris en criant : « A la trahison ! »

Ma joie fut grande à la lecture de ces dépêches.

Mon père la partagea, car, à compter de ce jour, on fut en droit de penser que le triomphe de la cause de l'ordre était assuré et que la rentrée dans Paris n'était plus qu'une question de temps.

La lutte était engagée entre Versailles et Paris; je ne pensais pas devoir prolonger plus longtemps mon séjour au milieu de mes parents. J'allai trouver le sous-intendant militaire et je me mis à sa disposition en lui présentant les pièces qui établissaient mon identité. « Monsieur, me dit ce fonctionnaire, votre régiment est devenu le 9e lanciers et je vais vous délivrer une feuille de route pour rejoindre son dépôt à Lyon. Nous agissons ainsi avec tous les officiers revenant de captivité. »

Le lendemain 5 avril, je quittais Évreux.

Ma chère mère était émue, car, après m'avoir retrouvé sain et sauf, elle tremblait de me voir affronter de nouveaux dangers.

Je mis plus de deux jours pour me rendre à Lyon, car les voies ferrées étant coupées en différents endroits, je dus passer par le Mans et gagner à Saincaize la ligne du Bourbonnais. Dans cette gare, où je passai la nuit sur une banquette de la salle d'attente, ma petite valise fut oubliée le lendemain matin sur le quai par les employés affolés au milieu d'une accumulation de bagages dont on n'a nulle idée.

J'arrivai donc à Lyon sans un mouchoir de poche.

La situation qui était faite à cette époque, dans

la seconde ville de France, aux autorités constituées était loin d'être bonne et l'on sentait que l'élément révolutionnaire qui composait, en grande partie, les nombreux bataillons de la garde nationale n'attendait qu'une occasion favorable pour chasser de la ville le peu de troupes régulières qui occupaient les casernes et les forts et proclamer la Commune.

La milice citoyenne était commandée par le général Bourras, ancien officier démissionnaire. Ayant repris du service pour la guerre, il avait été *bombardé* général par le gouvernement de la Défense nationale. Jeune encore et vigoureux d'allure, on le rencontrait souvent à cheval dans les rues de la ville. Il jouissait d'une certaine considération qui semblait justifiée par ses services durant la guerre et par ses sentiments politiques qui étaient ceux d'un républicain modéré.

La garnison se composait de quelques bataillons d'infanterie, d'un bataillon de chasseurs, d'un escadron du train dont l'esprit était mauvais, de deux batteries d'artillerie, des escadrons de dépôt du 9e lanciers (anciens lanciers de la Garde) et des 4e et 5e chasseurs à cheval. L'infanterie et l'artillerie étaient dans les forts. Le train et la cavalerie au quartier de la Part-Dieu.

Le général d'artillerie Crouzat avait le commandement supérieur de ces troupes réduites à des effectifs insignifiants et composées en grande partie des conscrits des dernières levées.

Je me souviendrai toujours de la courte et énergique allocution qu'il nous adressa quelques jours avant l'émeute du 30 avril, lorsque nous allâmes nous présenter au nombre d'une vingtaine au quartier général.

« Messieurs, nous dit le général Crouzat, dans les circonstances difficiles que nous traversons, il faut vous rappeler que vous avez un sabre au côté, et vous en servir vigoureusement chaque fois qu'on vous le demandera, car, si vous ne le faisiez pas, notre pauvre France, qui est bien malade, n'existerait plus avant peu de temps. »

On sait qu'à Lyon les deux quartiers de la Croix-Rousse et de la Guillotière sont presque toujours les foyers où l'émeute prend naissance.

Le drapeau rouge flottait depuis plus d'un mois sur la mairie de la Guillotière qui était occupée par les bataillons les plus révolutionnaires. Cet état de choses ne pouvait se prolonger sans inconvénient et il était du devoir de l'autorité de le faire cesser, sous peine de donner à la Commune de Paris un appui moral énorme.

Il avait été convenu que trois coups de canon

tirés du fort de Loyasse seraient le signal qui devait faire sortir les troupes de leurs quartiers pou- attaquer les insurgés. Tous les officiers, par ordre supérieur, couchaient depuis plusieurs jours dans les casernes, de façon à être plus près de leurs hommes et aussi pour déjouer le projet des émeutiers qui consistait à les enlever pendant la nuit dans leurs logements.

Le 30 avril à 2 heures de l'après-midi, le signal fut donné.

Nous montâmes immédiatement à cheval et nous sortîmes de la Part-Dieu par la porte située près du manège. On gagna le fort de la Vitriolerie pour aller y chercher une batterie d'artillerie et l'aider, sous notre escorte, à se rendre au Cours du Midi, près la place Perrache. Là se concentraient les troupes d'infanterie qui devaient enlever la mairie de la Guillotière, et les barricades que les insurgés avaient élevées à l'entrée du Cours de Brosses.

En passant dans les rues étroites qui avoisinent le fort, un vieux garde national qui se trouvait à sa fenêtre, et dont la tête hirsute et mauvaise ne sortira jamais de ma mémoire, se pencha vers moi et, roulant des yeux furibonds, m'adressa les paroles suivantes : « Vous ne marchiez pas d'aussi bon cœur sur les Prussiens, *petit malheu-*

reux ! » Je mis la main à mon revolver et j'en dirigeai le canon vers cet énergumène. Il disparut aussitôt en fermant vivement sa croisée.

Tout le long du cours aboutissant au pont suspendu qui mène à la rive droite du Rhône[1], se trouvaient rangés sur les trottoirs bon nombre de citoyens, qui, à moitié ivres, sortaient des cabarets.

« Criez donc : Vive la République ! » disaient-ils à nos hommes. Comme nos soldats, jeunes conscrits pour la plupart, restaient complètement sourds à cet appel. « Ah ! ils ne crieront pas, dirent entre eux nos interpellateurs, vous voyez bien que c'est de l'ancienne Garde. »

Nos hommes portaient encore la veste et le bonnet de police de ce corps d'élite. On s'était contenté, après le 4 septembre, d'enlever les couronnes impériales qui ornaient le devant des bonnets et les extrémités des portemanteaux.

Arrivé au pont suspendu, on arrêta la colonne pour passer par un à dix mètres de distance. La foule, qui nous suivait, voulait passer en même temps, et il fallait à tout prix s'y opposer sous peine des plus grands dangers. On employa d'a-

---

[1]. Ce pont a été remplacé depuis peu par un beau pont de pierre orné de distance en distance de pyramides également en pierre surmontées d'étoiles en cuivre doré.

bord la douceur, mais ce moyen fut bien vite insuffisant auprès de gens surexcités. C'est alors qu'un adjudant du régiment appelé Fauser se plaça résolument à la tête du pont. Tirant vivement son sabre, il menaça de fendre la tête au premier qui essaierait de violer la consigne.

L'attitude énergique de ce brave sous-officier en imposa immédiatement à la foule qui se contenta de faire entendre de sourds murmures.

Le pont traversé, nous nous formâmes en bataille sur le Cours du Midi et peu après le général Crouzat, suivi de son état-major, vint nous passer en revue. Il était à pied et boitait légèrement en s'appuyant sur une canne. Mon escadron était destiné à former la réserve avec un bataillon d'infanterie qui en ce moment avait formé ses faisceaux devant les bureaux de la Place, à Perrache.

La population qui nous entourait, sans être ouvertement hostile, cherchait cependant par ses conversations à démoraliser nos jeunes soldats. « Les artilleurs, leur disait-on, nous ont assuré qu'ils ne tireront pas. » Mon capitaine commandant, M. Lenoir de Pasdeloup, prescrivit alors de placer des factionnaires pour maintenir la foule à distance.

Vers 4 heures, la première colonne d'infanterie, que conduisait le général Crouzat, accompagné du procureur de la République M. Andrieux, s'engagea sur le pont de la Guillotière. Les insurgés firent feu et le procureur de la République reçut une balle à la jambe qui l'obligea à se retirer. Au même moment, un commandant d'infanterie était frappé mortellement. Deux pièces de quatre furent alors mises en batterie, malgré le feu des insurgés, et à la première décharge la porte de la mairie de la Guillotière vola en éclats. L'infanterie s'élançant alors enleva au pas de course les barricades qui fermaient le cours de Brosses et s'empara en même temps de la mairie dont elle passa tous les défenseurs à la baïonnette. Les insurgés se retirèrent alors lentement tout en se défendant de maisons en maisons, et la fusillade se prolongea assez avant dans la nuit.

Pendant ce temps notre escadron et les chasseurs à cheval détachaient de fortes patrouilles qui sillonnèrent la ville en tous sens jusqu'au matin.

Fort heureusement la plus grande partie de la garde nationale resta chez elle et la Croix-Rousse ne descendit pas.

Dès le lendemain commença le désarmement des bataillons de la Guillotière et, pendant plus de huit jours, ce quartier fut occupé militairement avec pièces de canon chargées enfilant les rues principales, patrouilles de cavalerie, etc.

Grâce à l'énergie du général Crouzat qui n'hésita pas à engager la lutte malgré ses faibles ressources, le drapeau rouge fut arraché de la mairie de la Guillotière, et la cause de l'ordre triomphant à Lyon produisit un effet moral énorme, non seulement à Paris, mais dans toute la France.

Lors de sa mise à la retraite en 1872, le général Crouzat laissa à sa brigade d'artillerie un ordre du jour que les journaux de l'époque ont reproduit. Je ne peux résister au désir de le placer sous les yeux du lecteur.

C'est un vrai modèle de style militaire où vibre l'âme toute française de ce brave soldat.

« Officiers, sous-officiers et canonniers,

« Admis au cadre de réserve par la limite d'âge, je vous fais mes adieux à tous.

« Ce n'est pas sans un grand serrement de cœur que je quitte l'armée brave, intelligente, dévouée, dans laquelle j'ai servi pendant quarante-trois ans ; et si, dans un jour de malheur, la voix de nos canons a été étouffée, vous saurez la leur rendre plus éclatante, plus triomphante encore qu'elle ne l'était sur nos glorieux champs de bataille de Crimée et d'Italie. Que ce soit là votre unique pensée et que l'âme de la Patrie mutilée vous soutienne et vous garde! Vive la France!

« Général Crouzat. »

Le second siège de Paris était commencé depuis plus d'un mois. Le dépôt de mon régiment envoyait presque chaque semaine aux escadrons de guerre cantonnés à la ferme de Gally, située entre Versailles et Saint-Cyr, d'assez forts détachements formés avec les prisonniers revenus d'Allemagne, montés, armés et habillés à neuf dès leur arrivée à Lyon. Ces hommes rentraient pleins de rage contre les communards qui les empêchaient par leur lutte fratricide d'être renvoyés directement dans leurs foyers. Enfin nous apprîmes à la fin de mai l'entrée de l'armée française dans Paris.

Au bonheur de voir la Commune terrassée se mêlait la douleur que causait le massacre des otages et l'incendie de nos monuments. Je me rappellerai toujours le serrement de cœur que j'éprouvai en lisant la dépêche se terminant par ces mots : « A l'heure où nous écrivons, *les Tui-*

leries ne sont plus qu'un monceau de cendres! »
« Si une chose peut consoler du mal accompli, écrivait M. Thiers, c'est la vue des cadavres de ces misérables (les fédérés) qui couvrent les rues de Paris. » On ne les a malheureusement pas tous tués puisque nous voyons aujourd'hui les tristes survivants de cette terrible époque faire librement l'apologie de la Commune et, grâce à l'amnistie de 1880, représenter à la Chambre des députés Toulon et Marseille.

A la suite d'un forfait semblable à l'insurrection de 1871, il ne devait être question d'amnistie que vingt-cinq ou trente ans après, c'est-à-dire lorsque les coupables auraient été assez vieux pour être dans l'impossibilité de nuire. Les avoir fait revenir avant, c'est courir de gaîté de cœur au-devant de nouvelles révolutions.

Dans les premiers jours de juin le dépôt du 9e lanciers fut envoyé à Tours pour y tenir garnison. J'avais obtenu à ce moment une permission pour Paris. Je fus bien heureux de revoir mes parents réinstallés depuis peu dans leur hôtel de la rue de Grenelle. Grâce à Dieu, il n'avait pas souffert de la Commune. Mais que la vue de Paris était donc triste !

Une partie du Louvre donnant sur la rue de Rivoli, les Tuileries, le Palais-Royal, la Cour des

Comptes, le Palais de Justice, l'*Hôtel de Ville*, le palais du peuple cependant : tout cela ne présentait plus que des ruines carbonisées. Je ne parle pas des maisons incendiées de la rue de Lille, de la rue du Bac, de la rue Royale et des nombreuses traces de boulets et de balles qui couvraient la Chambre des députés, le Ministère des affaires étrangères et les autres édifices. A la place Vendôme, sur le fût de la colonne renversée, un drapeau tricolore indiquait seul la place où s'élevait naguère le bronze des canons pris à Austerlitz. Je rentrai le soir chez moi, après cette triste promenade, le cœur navré. Que de ruines accumulées! Que de richesses de tous genres, tableaux, livres, objets d'art, à jamais détruits, et sous les yeux de l'ennemi, par des hommes auxquels notre pays rougira éternellement d'avoir donné le jour.

Revenu à Tours, je n'y restai que peu de temps car je fus presque aussitôt envoyé à l'armée de Versailles rejoindre les escadrons de guerre. Le mien était cantonné à Villiers près Palaiseau. Le 9e lanciers, de la division du général Ressayre, était commandé par le colonel Ney d'Elchingen, qui, devenu général, finit si malheureusement quelques années plus tard. La division faisait partie du corps de cavalerie placé sous le commandement en chef du général du Barrail, qui avait établi son quartier général au château de Villebon.

La Commune était vaincue et les conseils de guerre réunis à Versailles commençaient à juger les coupables. Je vins un jour à Paris en tenue, avec l'intention de pénétrer plus facilement, grâce à mon uniforme, dans la salle du 3$_e$ conseil de guerre devant lequel étaient traduits les chefs de l'insurrection. Une de mes tantes manifesta le désir de m'accompagner et nous partîmes tous les deux pour Versailles dans la matinée.

Le 3e conseil de guerre, présidé par le colonel du génie Merlin, siégeait dans le manège des *Petites-Écuries* converti en salle d'audience. On éprouvait un certain plaisir à voir, sur le banc des accusés et entourées par les gendarmes, des figures telles que celles de Ferré, Assi, Jourde, Trinquet, Regère, Lullier, Courbet et d'autres non moins célèbres, mais dont les noms m'échappent. On est toujours à dire qu'on n'a pas pris les chefs et que ce sont les malheureux soldats de la Commune qui ont payé pour ceux qui, après les avoir poussés, au crime se sont enfuis. Mais n'étaient-ce pas des chefs tous ceux dont nous venons de citer les noms et que nous avons vus de nos yeux devant les juges militaires?

Puisqu'on les tenait, qui est-ce qui empêchait de les fusiller? On s'est contenté de les envoyer en Calédonie d'où ils sont tous revenus pour recommencer à l'occasion leurs sinistres exploits.

Le siège du ministère public était occupé par un chef de bataillon d'infanterie, le commandant Gaveau, dont je vois encore la tête énergique. La péroraison de son réquisitoire fit sensation : « Au moment, Messieurs, d'entrer dans la salle de vos délibérations, je me permettrai de vous rappeler les paroles d'un vénérable missionnaire qui est venu déposer à cette barre. » « J'ai vécu », vous a-t-il dit « vingt-cinq ans au milieu des sauvages, « et je n'ai jamais vu des figures plus horribles « que celles qui nous accompagnèrent de Mazas « à la Roquette. »

En sortant du conseil de guerre nous allâmes à la prison *des Chantiers* visiter les pétroleuses et leurs jeunes élèves. Ces femmes étaient gardées par le lieutenant Marcerou, de mon régiment. Plusieurs années après, lorsque les communards ont été presque réhabilités, ce brave officier, devenu à sa retraite commissaire de surveillance à la gare de Vincennes, s'est vu dépossédé de son emploi à la suite des criailleries de la presse radicale qui lui reprochait les duretés dont, disait-elle, il s'était rendu coupable en 1871 à l'égard de ses *intéressantes pensionnaires*.

M. Marcerou nous fit parcourir les dortoirs occupés par les héroïnes de la Commune. Le tableau que présentait cette réunion de femmes de tout âge et de toute condition, couchées la plupart sur des paillasses jetées à terre, ne sortira jamais de mon souvenir. On voyait les costumes les plus bizarres et les plus disparates depuis la robe de soie jusqu'aux haillons les plus sordides. Presque toutes ces créatures étaient vieilles. Cependant quelques-unes étaient jeunes et même jolies; mais toutes portaient sur leur visage la haine de ce qui ne leur ressemblait pas et la rage de l'impuissance où elles se trouvaient pour le moment réduites. Elles tournaient autour de nous comme des bêtes fauves en laissant échapper de sourdes menaces, et on sentait très bien que sans la vue du sabre que j'avais au côté et sans la présence de mon camarade armé d'un respectable nerf de bœuf, elles se seraient jetées sur nous. Ma tante avait grande hâte de sortir de cet affreux séjour, aussi abrégeâmes-nous notre visite. En passant dans la cour, nous vîmes les jeunes garçons, dignes pupilles de ces mégères, et qui avaient été pour la plupart arrêtés à leurs côtés versant du pétrole sur les monuments et les maisons. La vue de ces enfants du crime n'était pas moins pénible et donnait lieu à de bien tristes réflexions sur l'avenir de la société.

Nous revînmes à Paris très impressionnés de notre voyage et je regagnai le soir mon cantonnement de Villiers près Palaiseau.

Dans les premiers jours d'août, un décret du ministre de la guerre supprima les lanciers. Je veux à ce propos dire quelques mots sur le rôle de cette arme de 1814 à 1871.

En parcourant l'histoire contemporaine, on est frappé de voir que l'arme des lanciers, par une coïncidence extraordinaire, a été presque toujours mêlée aux événements importants qui ont eu lieu sous les différents gouvernements qui se sont succédé trop souvent en France.

Ancien lancier de la Garde, nous avons tenu à relater fidèlement les circonstances où cette arme a figuré.

Chose curieuse, et le lecteur le remarquera aussi, les lanciers, excepté pour le roi Louis-Philippe, ont toujours mené le deuil soit de la monarchie, soit de l'Empire, sans oublier la seconde République. Est-ce dans cette crainte que la troisième les a supprimés?

Nous ne nous étendrons pas sur les exploits de cette vaillante troupe, cela nous ferait sortir du cadre que nous nous sommes tracé.

Du reste, les défilés de Somo-Sierra, les campagnes de 1812, 1813 et 1814, la dernière charge des lanciers rouges à Waterloo et, pour terminer, celle des lanciers de la Garde le 16 août 1870 à Rezonville, sont présents à toutes les mémoires.

Rezonville! Ce fut le chant du cygne des lanciers. En effet, peu de temps après, non seulement ceux de la Garde disparaissaient avec l'Empire, mais un décret du général de Cissey, ministre de la guerre, et daté du 8 août 1871, supprimait complètement l'arme qui comptait alors neuf régiments, celui de la garde ayant pris ce dernier numéro.

Nous serions curieux de connaître les considérants qui ont accompagné ce décret, si toutefois il y en a eu, ce dont il nous est permis de douter.

Nous prendrons la liberté de dire que l'ordonnance était tout au moins inopportune et en tous les cas bien précipitée au lendemain de nos désastres et en présence des nations de l'Europe qui gardaient et gardent encore de nombreux régiments de lanciers[1].

---

1. Au moment de la suppression, l'Allemagne comptait 20 régiments de uhlans ou lanciers. Elle a donné depuis peu la lance à ses 13 régiments de cuirassiers ce qui porte à 33 le nombre

Mais l'examen approfondi de cette question de la suppression de la lance nous écarterait du sujet qui nous occupe. Nous allons donc en peu de mots exposer le résultat de nos remarques.

Lorsque le 30 avril 1814 l'Empereur quitta Fontainebleau pour se rendre à l'île d'Elbe, il était escorté par des *lanciers de sa Garde*. Il lui était permis d'emmener dans sa nouvelle souveraineté en fait de cavalerie un escadron de *lanciers polonais*.

Lorsque, le 1ᵉʳ mars 1815, l'Empereur débarquait à Cannes, sa seule cavalerie était l'escadron de *lanciers* qu'il avait emmené sur sa flottille. Il venait tenter une dernière fois la fortune dans la plus incroyable entreprise que l'histoire ait enregistrée.

Enfin le 20 mars au soir, lorsque Napoléon touchait aux Tuileries, on vit déboucher au galop, sur la place du Carrousel des *lanciers* qui portaient des torches. Ils précédaient et suivaient la voiture impériale, et mêlaient leurs cris de « Vive l'Empereur! » aux acclamations des officiers à la demi-solde qui dès midi occupaient la place et les abords du palais. On sait comment

de ses régiments portant la lance. Que la guerre éclate demain et l'on verra de quoi sont capables des masses de cavaliers ainsi armées.

ils tirèrent Napoléon de sa voiture et le portèrent sur leurs épaules, et au risque de l'étouffer, jusqu'au premier étage du château.

Le roi a quitté les Tuileries la veille au soir, il se rend en Belgique.

Alfred de Vigny, dans son magnifique livre : *Servitude et grandeur militaires*, nous montre des *lanciers* activant cette fuite. On lit en effet, page 38 : « Mes camarades de la maison du Roi étaient en avant sur la route, à la suite du roi Louis XVIII ; je voyais leurs manteaux blancs et leurs habits rouges tout à l'horizon au nord ; les *lanciers* de Bonaparte, qui surveillaient et suivaient notre retraite pas à pas, montraient de temps en temps la flamme tricolore de leurs lances à l'autre horizon. »

Presque au même moment, en Italie, où règne encore Murat, des *lanciers* le suivent dans son malheur. Voici ce que nous trouvons à ce sujet dans les *Mémoires et Souvenirs d'un pair de France*, tome IV, p. 199[1] :

« Aussitôt que l'Empereur fut débarqué en France, son beau-frère Murat, que les souverains avaient laissé sur le trône de Naples, essaya la conquête de l'Italie. Après s'être emparé de l'État

---

1. Ces mémoires ont été publiés à Bruxelles, chez J.-P. Méline, en 1832.

romain et d'une portion de la Toscane, il se flattait de pénétrer dans la Lombardie. Mais ses troupes, complètement battues par les Autrichiens à Tolentino, se débandèrent. Contraint de fuir après des prodiges de valeur, il rentra à Naples, suivi seulement de *quelques lanciers.* »

Le 11 juin 1815, Napoléon part pour la campagne de Belgique. Tout le monde connaît les efforts désespérés de la cavalerie dans cette campagne, et la légende des cuirassiers de Waterloo traversera les siècles, mais voici pour les lanciers.

J'ai sous les yeux une lithographie de Raffet, une des plus belles qui soient sorties de son puissant crayon, qui a su si bien rendre, dans une série de dessins immortels, cette grande époque impériale.

La planche dont je veux parler a pour titre : « Dernière charge des *lanciers rouges* à Waterloo. »

Il est 7 heures du soir; les lanciers formés en colonnes profondes chargent l'infanterie de Wellington, et on voit s'agiter à perte de vue les flammes de leurs longues lances. Les cavaliers sont courbés sur l'encolure de leurs chevaux et leurs figures portent l'empreinte de la résignation jointe au dévouement suprême :

Ave, César, morituri te salutant!

Un peu dans le lointain et à gauche du tableau, l'Empereur, entouré de quelques généraux, a arrêté son cheval sur un petit tertre et il contemple d'un air triste ses derniers soldats.

Au premier plan à droite, un soldat français blessé soutient la tête d'un Écossais mourant et cherche à introduire, entre les dents déjà serrées de cet ennemi, quelques gouttes d'eau-de-vie. Tout à côté une cantinière, à genoux, le dos tourné à la charge qu'elle semble craindre de regarder, tant elle en prévoit l'issue, joint les mains, et, les yeux pleins de larmes, laisse monter au ciel ces paroles : « Mon Dieu ! protège nos vieux débris. »

Je ne connais rien de plus touchant que cette belle composition de Raffet, et c'est un véritable hommage rendu à la cavalerie et en particulier *aux lanciers*.

Dans cette triste journée de Waterloo, ce fut encore *un lancier*, l'adjudant-commandant Zénowich, qui fut envoyé par l'Empereur au maréchal Grouchy.

Cet officier portait au commandant de notre aile droite la dépêche si importante écrite à 10 heures du matin à la ferme du Caillou, où l'Empereur avait passé la nuit.

Par une fatalité étrange ou, pour tout dire, par

une négligence inexplicable du major général, le maréchal Soult, cet ordre, contenant le salut d'une armée et d'un Empire, était confié en *un seul* original et à *un seul* officier. L'adjudant Zenowich s'égara, au lieu de trois lieues en fit onze, et arriva à 4 heures auprès du maréchal lorsqu'il devait y arriver avant midi.

Grouchy, s'il eût été d'un caractère moins hésitant, pouvait encore, à ce moment, intervenir sur le champ de bataille de Waterloo et sauver la France.

A la seconde Restauration, les lanciers, à l'exception d'un régiment de la Garde, ne furent pas conservés.

A ce propos, j'ai souvent entendu affirmer que les traités de 1815 nous avaient interdit d'avoir des lanciers. J'ai voulu, comme on dit vulgairement, en avoir le cœur net, et j'ai lu avec attention les susdits traités, bien qu'ils soient fort longs et peu agréables à méditer, surtout pour un Français. Je n'ai trouvé nulle part trace de cette défense. La Restauration, précédant de cinquante-six ans le général de Cissey, avait trouvé, paraît-il, elle aussi, que, dans la réorganisation de l'armée, cette arme des lanciers était inutile. Cependant elle avait été moins absolue que le ministre de la troisième République, car elle donna la lance au dernier escadron de tous les régiments de chasseurs.

Lorsque les ordonnances de juillet 1830 parurent, *les lanciers de la Garde royale* étaient à Paris. J'ai souvent entendu raconter à un témoin oculaire qu'il avait assisté aux dernières charges que des escadrons de ce régiment tentèrent sur la place du Palais-Royal, rue Saint-Honoré et au Carrousel, pour défendre le trône déjà si ébranlé de Charles X.

Les lanciers se trouvaient donc dans la capitale pour assister à l'agonie de la Monarchie légitime et nous verrons plus tard ceux du second Empire ne pas être plus favorisés.

Le gouvernement de Juillet licencia la garde royale, mais, en revanche, rétablit huit régiments de lanciers. Le duc de Nemours devint même colonel du 1er régiment qui prit le *kurka* rouge, ce qui lui donnait un faux air des lanciers polonais du premier Empire. On peut voir à Versailles, dans le tableau d'Horace Vernet représentant le siège d'Anvers en 1832, le Prince dans la tranchée, auprès du maréchal Gérard, et portant l'habit rouge de son régiment.

Louis-Philippe voulut, pendant tout son règne, à Paris bien entendu, être toujours escorté par la cavalerie de la garde nationale.

Ce n'étaient pas des lanciers, puisqu'ils n'avaient pas de lances, mais ils en portaient l'uniforme (le schapska et le kurka).

Le 15 décembre 1840, jour de la rentrée des cendres de l'Empereur Ier à Paris, nous lisons dans la relation de cette imposante cérémonie, par M. G. Laviron (*Paris à travers les âges*, t. V, p. 62), que c'est *le* 7⁰ *lanciers* qui escorta le catafalque impérial.

La seconde République n'apporta aucune modification à l'arme des lanciers.

Nous voyons dans une lithographie du temps que c'est un peloton *de lanciers* qui escorte le Prince-Président lorsqu'il descend de voiture dans la cour de l'Élysée où il vient établir sa résidence après l'élection du 10 décembre 1848.

Mais voici venir le coup d'État du 2 décembre 1851.

N'en déplaise à Victor Hugo, il doit, suivant une parole célèbre, *rassurer les bons et forcer les méchants à trembler*. Nous retrouvons, les jours qui suivent, les *lanciers du* 7⁰ *régiment* chargeant les opposants sur les boulevards. On sait que le matin du 2 décembre, des détachements de ce même régiment avaient escorté à Mazas et au Mont-Valérien les représentants révoltés de ce qu'ils appelaient *la violation de la légalité*.

La France ne partagea pas la manière de voir de ces députés, puisque, par plus de sept millions de voix, elle fit savoir au futur Empereur qu'il avait bien fait.

Sous le second Empire, on créa en 1856, dans la Garde impériale, un régiment de lanciers qui fut formé à Melun par le colonel Lichtlin[1], ce qui porta à neuf les régiments de l'arme.

Le 14 janvier 1858, un peloton de ce régiment, alors en garnison à Paris, reçut le baptême du feu en escortant la voiture de l'Empereur, qui se rendait à l'Opéra avec l'Impératrice.

Les bombes Orsini firent de nombreuses victimes dans les rangs *des lanciers*.

A la campagne d'Italie de 1859, le régiment de la Garde et une brigade de lanciers de la ligne (1er et 4e régiments) commandée par le général baron de Labareyre, se trouvèrent à Solférino.

L'année 1867 vit l'apogée du second Empire, et les lanciers de la Garde, en garnison à Paris, fournirent toutes les escortes qui, chaque jour, allaient conduire aux Tuileries les rois étrangers qui s'y étaient donné rendez-vous.

---

1. De 1856 à 1871, le régiment de la Garde eut cinq colonels qui furent : MM. Lichtlin, Begougne de Juniac, Yvelin de Béville, de Latheulade et Ney d'Elchingen. Nous avons eu l'honneur de servir sous les trois derniers.

Avec janvier 1870 vinrent les sombres jours. Aux funérailles de Victor Noir, *les lanciers de la Garde* se trouvèrent massés sur l'Esplanade des Invalides, prêts à charger les manifestants. Contrairement à ce qui s'était passé en juillet 1830 et en février 1848, toutes les précautions militaires avaient été prises, et, sur un mot de l'Empereur, on était en mesure de réprimer l'insurrection avec la dernière rigueur.

L'ordre matériel ne fut pas troublé; et les fauteurs de désordre durent attendre un moment plus favorable. Le 4 septembre devait, hélas! dans la même année, leur en fournir l'occasion.

La guerre avec l'Allemagne éclata. Le 16 août 1870, à 4 heures du matin, *les lanciers de la Garde*, réunis aux dragons de l'Impératrice, fournissaient à Napoléon III et au Prince impérial leur dernière escorte.

Qui saura jamais les tristes réflexions que durent faire, au moment de la séparation, les illustres voyageurs en quittant, pour ne jamais les revoir, ces deux régiments de la Garde! Lorsque, au détour de la route, disparurent les flammes de nos lances qu'agitait le vent du matin, le pauvre petit Prince ne se revit-il pas, remontant les Champs-Élysées, salué par la foule et escorté de son peloton de lanciers comme aux plus beaux jours de l'Empire[1]?

Les lanciers, une dernière fois, ne manquaient pas au rendez-vous pour saluer un trône qui s'écroulait.

Le 4 septembre 1870, l'Impératrice Eugénie était obligée de quitter les Tuileries devant l'émeute triomphante. L'Impératrice partie, le général Mellinet consentit seulement alors à laisser abaisser le drapeau du pavillon de l'Horloge. Il était 3 heures et demie. Par suite de la fidélité au malheur, qui semblait depuis plus de soixante ans être la tradition de leur arme, un peloton de *lanciers de la Garde* était ce jour-là de service auprès de la Régente. Après le départ de la pauvre souveraine, il quitta le château et prit tristement le chemin de l'École-Militaire, où se trouvaient réunis, depuis le commencement de la guerre, tous les dépôts de la Garde.

Arrivé place de la Concorde, on trouva une foule compacte et menaçante, M. le sous-lieute-

---

1. Ce sont encore *des lanciers*, ceux-là Anglais, qui, en juin 1879, ont au Zululand retrouvé et rapporté le corps du Prince impérial; nous lisons, dans *le Prince impérial*, par le comte d'Hérisson, p. 295, les lignes suivantes : « De quel front, lieutenant Carey, avez-vous pu regarder ces soldats du 17e *lanciers*, emportant sur leurs lances à flamme blanche et rouge comme les dernières flammes de nos lances françaises, ce cadavre que vous n'aviez pas su défendre? »

nant de Cambis-Alais, qui commandait cette dernière escorte, avançait avec précaution. Mais harcelé par les sollicitations de la populace, qui l'invitait ainsi que ses hommes à crier : « Vive la République? » il perdit complètement patience. Enlevant tout à coup son cheval au galop, il disparut suivi de sa troupe, par le pont de la Concorde, après avoir lancé aux manifestants le *mot* que Victor Hugo a le premier osé imprimer, et qui exprimait son peu de goût pour le régime naissant[1].

Avec l'avènement de la troisième République disparut l'arme des lanciers et on en forma des dragons. Notre régiment devint le 20º, et fut envoyé à Provins. Les Allemands venaient d'évacuer cette ville par suite du versement de la première partie de l'indemnité de guerre.

Loin de nous la pensée de récriminer plus que de raison sur les motifs qui ont pu guider le général de Cissey, lorsqu'il a pris, comme ministre de la guerre, cette grave décision de supprimer les lanciers. Nous craindrions, en trop insistant, de sembler vouloir méconnaître les éminents services qu'il a rendus au pays en réorganisant au lendemain de la guerre nos forces nationales.

[1]. Je tiens le fait de M. de Cambis-Alais lui-même, qui me l'a raconté à Lyon en mars 1871, à mon retour de captivité.

Nous dirons seulement qu'en signant le décret du 8 août 1871, il n'a pas tenu compte d'un dicton vieux comme la France.

Nos fiers ancêtres les Gaulois avaient en effet coutume de dire : Si le ciel venait à tomber, nous le soutiendrions avec nos lances.

Comme je l'ai dit plus haut, notre régiment avait été désigné pour tenir garnison à Provins. Nous nous mîmes en route dans les premiers jours d'octobre. Nos hommes portaient, les uns la veste et le bonnet de police bleu de ciel de la Garde, d'autres le képi et la veste bleue de la ligne, d'autres enfin la tunique à collet jaune. Ces pauvres escadrons ainsi bariolés et, de plus, montés sur des chevaux maigres et fatigués, présentaient un aspect assez misérable, surtout depuis que les flammes de leurs lances ne flottaient plus gaiement.

La tenue des officiers n'était pas plus uniforme. Le kurka avec boutons à aigle de la Garde se voyait à côté de la tunique à collet jaune des lanciers de la ligne accompagnée de l'épaulette d'argent. Enfin, quelques-uns d'entre nous avaient, depuis le décret du ministre, changé leurs épaulettes d'argent contre des épaulettes d'or et fait mettre des collets blancs à leurs tuniques pour se conformer à l'ordonnance des dragons.

Quant au harnachement très fantaisiste et de tous les modèles, il venait un peu de partout, même d'Amérique, à la suite de marchés passés par le gouvernement de la Défense nationale.

Malgré notre aspect bizarre et très délabré, nous étions bien accueillis lorsque nous traversions les villages tout chauds encore de l'invasion. Quelques drapeaux tricolores se montraient aux fenêtres, et les enfants, groupés devant les maisons, soulevaient timidement leurs bonnets en ouvrant de grands yeux lorsque notre colonne passait au trot. Criez : « Vive la France ! » leur disait mon voisin de route, le sous-lieutenant Barret, que j'avais quitté adjudant, en partant pour l'armée du Rhin. Les yeux des enfants s'ouvraient alors encore un peu plus, et le cri chéri poussé par leurs petites voix arrivait jusqu'à nous. On ne peut se figurer le bien qu'on en éprouvait étant donné la situation de notre pauvre pays.

A Provins, où nous arrivâmes après quatre jours de route, nous fûmes reçus à l'entrée de la ville par le maire, qui venait, à la tête du conseil municipal, nous souhaiter la bienvenue. La ville était pavoisée, toute la population aux fenêtres ou bordant les rues, et l'accueil fut des plus sympathiques. Les officiers furent logés chez l'habitant pendant quelques jours pour leur donner le temps de chercher des appartements.

Au bout de quelque temps le régiment fut habillé et équipé à neuf et on distribua des carabines aux hommes. Sauf le casque, qui ne nous fut donné qu'en 1875 à Limoges, nous étions devenus de vrais dragons.

Les corps d'officiers à cette époque étaient loin d'être homogènes, la commission de revision des grades, qui fonctionnait à Versailles, n'ayant pu encore remettre chacun à sa place. Ainsi, par exemple, notre régiment avait deux lieutenants-colonels, l'un venant des lanciers de la Garde, c'est-à-dire de l'armée de Metz; l'autre de l'armée de la Loire, avec le 6ᵉ lanciers *de marche*. Il y y avait au moins cinq chefs d'escadrons. Les capitaines, les lieutenants et les sous-lieutenants étaient dans la même proportion.

Les avancements plus que rapides, distribués pour les nécessités du moment, par le gouvernement de *la défense nationale*, faisaient qu'un sous-lieutenant revenant de captivité, et qui, au moment de la guerre, comptait déjà six ans de grade, se trouvait avoir pour capitaine un jeune homme qu'il avait quitté maréchal des logis. Nous avons eu au 9ᵉ lanciers deux capitaines qui n'était que sous-officiers au mois d'août 1870.

L'un a été remis lieutenant par la commission des grades, l'autre sous-lieutenant. Trois sous-lieutenants furent remis maréchaux des logis.

On conçoit aisément combien les rapports étaient tendus entre officiers de provenances si diverses. Dans notre régiment la question se compliquait encore du souvenir de la Garde, à l'endroit de laquelle perçait une grande jalousie. Les fonctions de président de table étaient difficiles et demandaient un grand tact uni à beaucoup de fermeté. Il devait avant tout écarter et au besoin interdire formellement toute conversation touchant à la politique : le terrain, on le comprend, était trop brûlant.

Les lieutenants et sous-lieutenants prenaient pension à l'hôtel du *Pont-aux-Poissons*, à l'entrée de la haute ville.

Vers la fin de décembre, quelques-uns de nos camarades furent insultés un soir en sortant de dîner par plusieurs mauvais drôles, qui, presque aussitôt, les assaillirent aux cris de : « A bas les Versaillais! » Un des officiers eut le front fendu par une pierre et un autre fut frappé au cou à l'aide d'un compas comme en portent les charpentiers. Appelés par le bruit et par un de nos camarades, qui était venu nous chercher, nous quittâmes en courant la pension, et, mettant l'épée à la main, nous eûmes bientôt dispersé cette bande de communards.

Nous avions arrêté et conduit au poste de la mairie l'homme au compas et un de ses camarades. Dans la soirée l'hôtel de ville fut, sur l'ordre du colonel, occupé par un peloton commandé par un officier, et des patrouilles sillonnèrent la ville jusqu'à une heure assez avancée de la nuit. Cette échauffourée n'eut pas de suite et la police correctionnelle envoya en prison, pour un an, nos agresseurs.

L'armée allemande occupait encore plusieurs de nos départements. J'eus la curiosité d'aller jusqu'à Sézanne, chef-lieu de canton du département de la Marne, où un régiment prussien tenait garnison. Je n'étais pas fâché de me rendre compte *de visu* de la façon dont nos vainqueurs se comportaient chez nous. Je pris donc, après avoir eu soin de me mettre en bourgeois, la *patache* qui conduisait à cette petite ville distante de Provins d'environ vingt kilomètres. J'arrivai à Sézanne à la chute du jour. Eh bien, je dois l'avouer, je ne trouvai rien d'extraordinaire dans la manière de faire des Allemands.

Des soldats nettoyaient tranquillement leurs armes sur le pas des portes, ou faisaient sauter sur leurs genoux des bambins qui paraissaient même y prendre un certain plaisir.

D'autres assis sur des bancs fumaient philosophiquement de grandes pipes en porcelaine ; leurs regards suivaient les spirales formées par la fumée, et leur pensée s'envolait au delà du Rhin vers les vieux parents, ou la jeune fiancée, laissés au village.

Ah ! pour ceux-là l'occupation avec ses réquisitions journalières, et le bien-être qui en résulte pour les troupes, ne remplaçait pas les chers absents, et le *heimweh* (le mal du pays) se faisait certainement sentir avec toutes ses douloureuses étreintes.

Les officiers paraissaient plus gais que leurs soldats. Le sabre traînant, la casquette sur l'oreille, ils faisaient beaucoup d'embarras sur la place de la mairie. Chaque fois qu'ils s'abordaient, ils se saluaient avec cette raideur et cette exagération de politesse que l'armée allemande se plaît à porter au dernier degré de l'affectation. Après avoir demandé des nouvelles de la *frau generaline* où de la *frau majorine*[1], la conversation devenait très animée, et je voyais ces messieurs rire aux éclats, et bruyamment, de ce gros

---

1. Madame la générale et madame la femme du major.

rire allemand qui vous secoue son homme pendant dix minutes.

Je me promenai le soir dans les rues et j'entrai dans plusieurs cafés. Les Allemands buvaient en silence, en général dans une salle à part, et à 9 heures et demie au plus tard, tout ce monde rentra se coucher très sagement et j'en fis autant.

Je rejoignis le lendemain ma garnison, emportant de mon petit voyage une impression assez contraire à celle que je m'étais formée de l'occupation allemande. Ces gens-là étaient bien calmes et ne demandaient qu'à rentrer chez eux.

Quelques jours après, étant de semaine, je vis entrer au quartier un sergent du régiment d'infanterie prussienne de Sézanne. C'était un déserteur. Je l'interrogeai en allemand. Il abandonnait l'armée d'occupation sous le coup d'un conseil de guerre pour manquement grave à la discipline. Nos sous-officiers, avec leur générosité toute française, le reçurent très bien, l'invitèrent à leur table et le conduisirent ensuite au café. Quelques jours après, l'autorité militaire l'envoya en Afrique, où il fut incorporé dans la Légion étrangère.

Le 15 août 1872, nos sous-officiers, pour la

plupart anciens maréchaux des logis de la Garde impériale, se livrèrent à une véritable manifestation dans la cour du quartier. Excités par le souvenir de la Saint-Napoléon et aussi par quelques libations en l'honneur de cette fête, ils tirèrent leurs sabres en poussant des cris de : « Vive l'Empereur ! A bas Gambetta ! » qui personnifiait pour eux la République.

La sous-préfecture était contiguë au quartier. Le sous-préfet, tout ému de ces cris séditieux qu'il avait entendus de son cabinet, et auxquels des bruits de restauration impériale donnaient plus d'importance ; le sous-préfet, disons-nous, prit immédiatement le chemin de fer et alla rendre compte de cet incident à M. Thiers, occupé à Calais d'expériences d'artillerie. Le président fit aussitôt donner l'ordre d'éloigner de Paris un régiment animé de tels sentiments bonapartistes. Nous ne fûmes pas trop maltraités, car on se contenta de nous envoyer à Clermont-Ferrand, où nous arrivâmes dans les premiers jours d'octobre après une vingtaine de jours de route.

Après un an de séjour, nous fûmes envoyés à Limoges, où je passai lieutenant au corps en 1874.

En 1883, au lendemain de la mort de mon père, je donnai ma démission de capitaine au 11ᵉ chasseurs à cheval, alors en garnison à Saint-Germain-en-Laye[1].

J'avais près de vingt ans de services et je quittais l'armée sans scrupule, ayant pendant treize ans vainement attendu la *revanche!*

Qu'on nous permette de citer, en manière de conclusion, un passage de la très remarquable brochure écrite en captivité, à Münster, par le général Deligny, ancien commandant de la division des voltigeurs de la Garde, et intitulée : *l'Armée de Metz en* 1870.

« Il semblerait superflu de rappeler, dit le général, que la préparation de la guerre a été poursuivie avec une très grande imprévoyance, et que

---

1. Le 22 mai 1883, mon père fut frappé par une attaque d'apoplexie, qui l'enleva en quelques heures à notre affection.
Avant d'entrer dans la magistrature, il avait été élu en 1832 secrétaire de la Conférence des avocats. Le 26 décembre 1888, M. Dupré-Lasale, conseiller à la Cour de cassation, lut à l'assemblée générale des membres de cette Conférence une notice très élogieuse sur mon père, où il disait entre autres choses : « Baillehache avait les qualités maîtresses du magistrat : amour du travail, rectitude de la conscience, élévation des sentiments. Il étudiait beaucoup. Il connaissait les affaires, et dans l'accomplissement de ses devoirs il apportait une ardeur et une fermeté qu'accompagnait toujours une extrême courtoisie. »
Je serai toujours heureux de me rappeler qu'il a été permis au piquet d'infanterie, qui rendait à mon père les honneurs dus aux chevaliers de la Légion d'honneur, de pénétrer dans l'église. Le honteux règlement qui oblige la troupe à rester en dehors de la maison de Dieu, comme les *cagots* du moyen âge, n'était pas encore en vigueur.

les personnes qui avaient par devoir et par position la tâche d'y pourvoir n'ont pas su s'affranchir de la présomption et de la légèreté inhérentes à l'esprit français.

« L'Allemagne, toute enrégimentée, toute disciplinée, toute armée avec ses 1 200 000 combattants déjà rangés en bataille, soldats d'une valeur contestable sans doute, mais habilement maniés ; l'Allemagne, disons-nous, n'avait qu'à étendre ses grands bras pour étreindre nos 250 000 soldats et les écraser de son poids.

« La France s'est jetée précipitamment et en aveugle au-devant du danger dont elle n'a compris l'importance et la grandeur que lorsque ses armées ont été anéanties. »

Nous sommes complètement de l'avis de l'honorable général, et nous reconnaissons aussi que l'histoire devra être un jour très sévère pour ceux qui ont, sans être mieux préparés, engagé leur pays dans une guerre aussi redoutable. Mais ne devra-t-elle pas clouer à son pilori les hommes qui disaient à la Chambre au regretté maréchal Niel, les adjurant de voter l'organisation de nos réserves : « Mais vous voulez donc faire de la France une caserne ! » et le ministre leur répondait : « Prenez garde de ne pas en faire un cimetière ! »

Que penser aussi de ceux qui, profitant de nos désastres, accomplissaient sous les yeux et pour ainsi dire avec l'aide de l'ennemi, la révolution du 4 septembre, montant ainsi à l'assaut d'un pouvoir qu'ils convoitaient depuis dix-huit ans !

Est-ce qu'au lendemain d'Iéna, de Solférino ou de Sadowa, les Prussiens ou les Autrichiens ont chassé leurs souverains pour les remplacer par la République ?

Ils se sont groupés, au contraire, autour de leurs rois malheureux, comprenant bien que la révolution n'a jamais été le remède aux grandes catastrophes.

Nous ne savons pas ce que l'avenir réserve à notre pays, mais nous pouvons affirmer que le devoir de tout bon citoyen, au moment du danger, s'il se représente, sera de se rallier au gouvernement établi, que ce soit l'Empire, la Monarchie ou la République, faisant passer ainsi la France avant l'esprit de parti.

Au moment où nous terminons ces souvenirs intimes (*novembre* 1892), qui n'ont d'autre mérite que celui de l'exactitude, la presse européenne commente avec animation sinon avec indignation l'aveu de M. de Bismarck au sujet de l'audacieuse et criminelle falsification qu'il fit subir le 13 juillet 1870 à la dépêche d'Ems, qui relatait l'entrevue du roi de Prusse et de notre ambassadeur le comte Benedetti, falsification qui força la France à la guerre et lui aliéna du même coup toutes les puissances.

Par cet aveu, M. de Bismarck vient de justifier *l'Empire devant la France et la France devant l'Europe.*

Que devient, après ces révélations de l'ex-chancelier, la légende de l'Impératrice poussant à la guerre, et l'Empereur se laissant entraîner à la déclarer pour sauver sa dynastie ?

On savait tout cela depuis longtemps, mais il était nécessaire, pour faire éclater la vérité, que ce fût M. de Bismarck lui-même qui vînt la proclamer à la face du monde entier !

L'heure de la justice est souvent lente à sonner, mais elle sonne tôt ou tard pour confondre les méchants et réhabiliter les innocents !

Vingt et un ans sont écoulés depuis notre défaite imméritée, et une nouvelle génération s'est élevée. Espérons qu'instruite par le malheur elle sera, à l'heure du danger, à hauteur de ses obligations.

L'armée est nombreuse, les arsenaux remplis de canons et de fusils. Enfin on nous affirme tous les jours que nous sommes prêts à faire face à toutes les éventualités.

Cette assurance réconforte et soutient notre cœur de Français et de patriote. Mais que la nation et notre jeune armée regardent et méditent souvent les belles devises qui ornent *la croix* et *la médaille militaire*, ces immortelles institutions de deux Napoléon ; elles y trouveront inscrit en lettres d'or non seulement le catéchisme du citoyen et du soldat, mais encore le gage assuré de la victoire :

Honneur et Patrie,
Valeur et Discipline.

TABLE DES MATIÈRES

CHAPITRE PREMIER

Pages.

La Révolution de 1848 et la garde nationale de Dieppe. — Une revue du Prince-président. — Effet produit en Alsace par le coup d'État de 1851. — Coup d'œil sur ce pays. — Voyage en Allemagne. — Nous apprenons à Bade la victoire de l'Alma. — Naissance du Prince impérial, 16 mars 1856. — Retour à Colmar d'un régiment de Crimée. — Deuxième voyage en Allemagne. — La langue française en Alsace. — Monseigneur Rœss, évêque de Strasbourg. — Passage à Colmar des prisonniers autrichiens, en août 1859. — Voyage d'Italie. — Les champs de bataille de Solférino et de Magenta   1

CHAPITRE II

Le colonel Vicyra. — Un dîner au ministère de l'instruction publique. — Sainte-Barbe. — L'Empereur, l'Impératrice et le Prince impérial aux Champs-Élysées. — Le colonel de Béville m'accepte aux lanciers de la Garde. — Le maréchal Regnaud de Saint-Jean-d'Angély. — Un *mess* de la Garde. — Première nuit au régiment et contes de la chambrée. — Le corps de garde. — Le général Ferray m'envoie à Saumur. — L'école de Saumur. — Les inondations de la Loire en 1866. — Je rentre au

régiment et suis nommé sous-officier. — Une chasse de
l'Empereur.................... 36

CHAPITRE III

L'Impératrice Eugénie; sa visite au cachot de Marie-Antoinette. — Le choléra de 1865. — Attitude de l'Impératrice au 4 septembre. — Nous sommes passés en revue par elle en 1867. — La représentation de gala à l'Opéra. — L'Exposition de 1867. — Les pressentiments de mon père à son sujet. — Conversation avec le baron Haussmann. — La garde montante aux Tuileries. — Le pavillon de l'Horloge. — Les tables de service des officiers et des sous-officiers. — Le père Gervais. — Arrivée à Paris du czar et du roi de Prusse. — La grande revue à Longchamp et le bal aux Tuileries en l'honneur des souverains. — J'escorte le czar le soir de ce bal. — La destinée des souverains réunis à Paris en 1867..... 77

CHAPITRE IV

Arrivée à Paris du sultan Abdul-Aziz. — La distribution des récompenses aux exposants et la revue aux Champs-Élysées. — L'Empereur d'Autriche à Paris. — Le banquet du 15 août dans la Garde. — Les manœuvres à la Solle, près Fontainebleau. — Le maréchal Bazaine est nommé au commandement de la Garde. — L'Empire libéral et le ministère Ollivier. — L'affaire Victor Noir (janvier 1870). — Les réunions publiques et la colonne Vendôme. — Le colonel Dupressoir, des cuirassiers de la Garde, à l'enterrement de Victor Noir. — Le maréchal Canrobert. — Une visite de Napoléon III à l'École-Militaire le lendemain de l'enterrement de Victor Noir. — Arrestation de Rochefort. — Mon escadron à Saint-Cloud. — Le plébiscite. — La déclaration de guerre (19 juillet 1870). — L'Empereur n'était pas forcé de faire la guerre dans un intérêt dynastique. — Sa lettre au général d'Autemarre................. 113

TABLE DES MATIÈRES. 315

CHAPITRE V

Pages.

Visite du Prince impérial au quartier à Saint-Cloud. — Repas offert par lui à la garnison. — La *Marseillaise*. Nous quittons Saint-Cloud. — Sarrebrück. — Mon impression en arrivant à Metz. — Le maître d'hôtel de l'hôtel de Paris. — Nous rejoignons le régiment à Courcelle-Chaussy. — Il pleut toujours. — Les mauvaises nouvelles. — Les bivouacs de Boucheporn et Longeville-lès-Saint-Avold. — Une alerte de nuit. — La retraite sur Metz. — Les paysans fuient l'invasion. — Le bivouac de Maizery. — Nous campons sous Metz. — Combat de Borny. — L'armée passe sur la rive gauche de la Moselle. — La nuit à travers Metz. — Le 15 août 1870. — Nous escortons l'Empereur le 16 août au matin. — Bataille de Rezonville. — Les cuirassiers de la Garde. — Nous chargeons la cavalerie prussienne. 147

CHAPITRE VI

Retraite sur Metz. — Le bivouac de Châtel-Saint-Germain. — Bataille de Saint-Privat (18 août 1870). — Nous campons au Ban-Saint-Martin. — L'armée repasse sur la rive droite de la Moselle. — La fausse sortie du 26 août. — L'île Chambière et le cimetière. — Je suis nommé sous-lieutenant. — Une erreur d'uniforme. — Combats de Servigny-lès-Sainte-Barbe (31 août et 1er septembre). — Nous revenons à Chambière. — Peltre. — Le blocus. — La viande de cheval. — État de l'armée et de la ville de Metz vers le 15 octobre. — Combat de Ladonchamp (7 octobre). — La communication du 19 octobre et la mission Boyer. — La capitulation. — Ordre général du commandant en chef. — Le *tourne-bride* de la route de Nancy. — Départ pour l'Allemagne. — Le déjeuner de Bingen. — Cologne et l'incident de la caserne. — Un proverbe allemand. — Bad-Dribourg. — L'hôtel Kothe. — Le vétérinaire de mon régiment 192

TABLE DES MATIÈRES.

CHAPITRE VII

Pages.

Le major de Paderborn. — Nous sommes envoyés à Münster. — Notice historique sur cette ville. — Le traité de Westphalie, 1648. — Le coq du bourgmestre et coutumes allemandes. — Le major Flotow et les lettres des officiers prisonniers. — Un volontaire d'un an hanovrien. — Manière dont furent traités les prisonniers. — Réponse de l'Empereur à nos vœux pour le 1er janvier 1871. — La paix est signée. — Une dépêche de M. Jules Simon. — Nous sommes rendus à la liberté. — J'arrive à Paris dans la nuit du 17 mars. — Aspect de la capitale. — Ma joie de revoir mes parents. — La révolution du 18 mars. — Assassinat des généraux Clément Thomas et Lecomte. — Mon père quitte Paris. — La garde nationale à la gare Montparnasse. — La gendarmerie à la gare de Meudon. — Entretien de mon père avec M. Dufaure à Versailles 230

CHAPITRE VIII

Maintenon. — Un souvenir de 1830. — Henri de Pène et la manifestation de la place Vendôme. — Je quitte cette ville pour rejoindre à Lyon le dépôt de mon régiment. — L'émeute du 30 avril à la Guillotière. — Je suis envoyé à Tours et de là à l'armée de Versailles. — Le 3e conseil de guerre à Versailles. — Les pétroleuses à la prison des Chantiers. — Suppression des lanciers. — Quelques mots sur le rôle de cette arme de 1814 à 1871. — Mon régiment devenu 20e dragons va tenir garnison à Provins. — Les corps d'officiers à cette époque. — Les officiers attaqués en sortant de la pension par des communards. — Les Prussiens à Sézanne. — Manifestation bonapartiste au 15 août. — Conclusion 267

Paris. — Typ. Chamerot et Renouard, rue des Saints-Pères. — 30605.

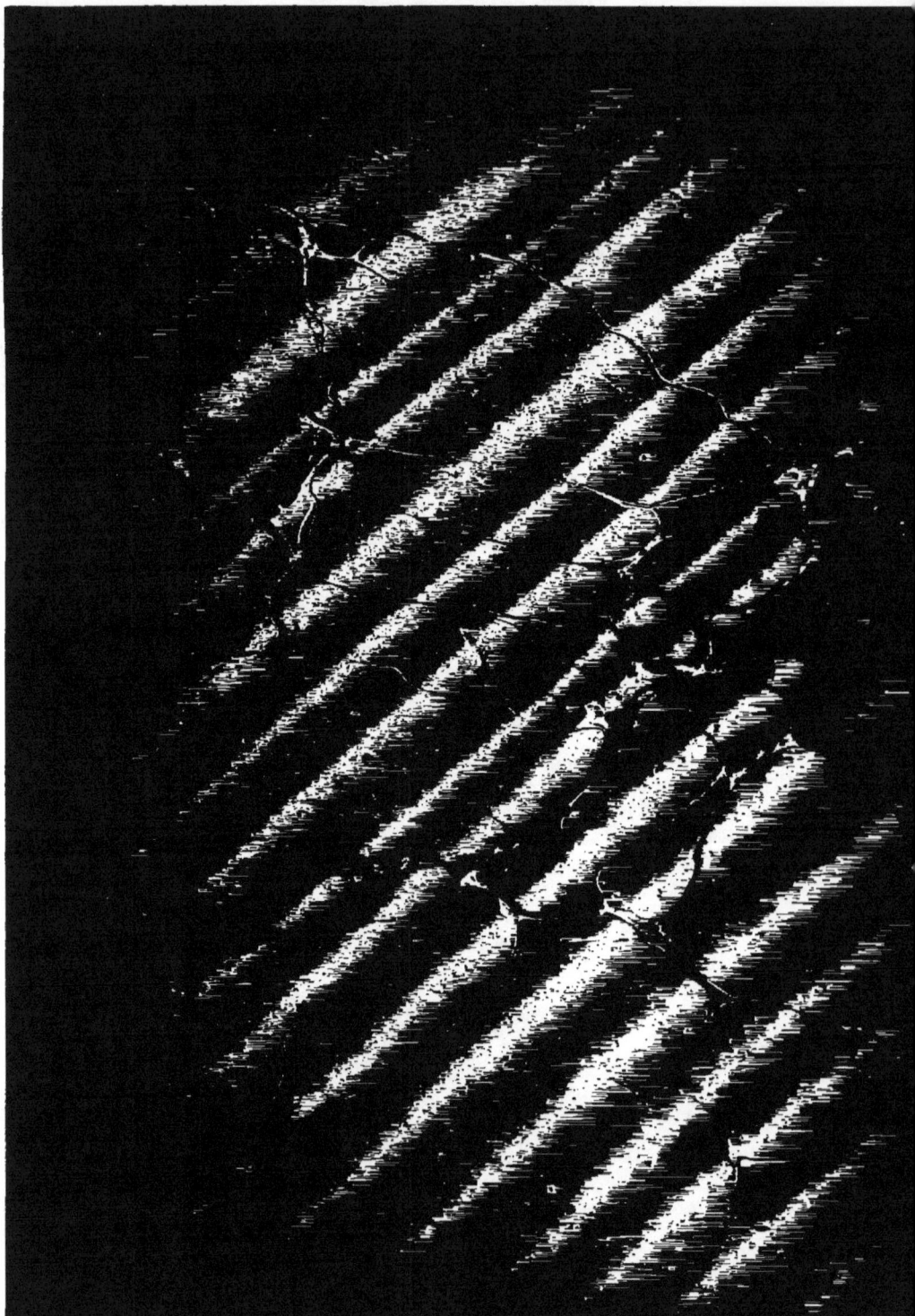

www.ingramcontent.com/pod-product-compliance
Lightning Source LLC
Chambersburg PA
CBHW070609160426
43194CB00009B/1232